JN063865

The Anagrams of
F. de Saussure:
How His Conjectures
Have Been Proved Right

ソシュールの アナグラム予想

その 「正しさ」が 立証される まで

山中桂一 著

ひつじ書房

目　次

第 1 章　ソシュールのアナグラム・ノート

§1.1　ソシュールのアナグラム研究

　1958 年、フェルディナン・ド・ソシュール(Ferdinand de Saussure 1857–1913)の子息レーモンとジャックが書類ケース二箱をジュネーヴ公立大学図書館 (2006 年にジュネーブ図書館と改称) に寄贈した。かの高名な父親が没してからすでに 45 年という年月が流れていた。新たに見付かったこのケースには、書簡綴りは別として、すべてソシュールの自筆になる厖大なかずの研究ノートとファイルが収められていた。ノートの多くは古典詩の詳細な分析と考察で、ソシュール研究の第一人者、ロベール・ゴデルの整理・分類したところでは、ニーベルング研究 (ノート 8 冊)、ヴェダ詩の韻律 (ノート 26 冊)、サトゥルヌス詩関連ノート (17 冊) など、数え方には人によってばらつきが出るが全部で百数十冊にのぼる大量である。なかでも大半を占めていたのはアナグラム (あるいはイポグラム) (ANAGRAMMES〔ou HYPOGRAMMES〕) に関する 99 冊の研究ノートで (Godel 1960)、ゴデルの資料番号では 3963–3969 を占める。その内訳は概略つぎのとおりである。

　資料番号 3963 アナグラム：ホメロス (ノート 24 冊)；

　資料番号 3964–3966 アナグラム：ウェルギリウス (ノート 19 冊)、
　　ルクレティウス (ノート 3 冊)、セネカとホラティウス (ノート 1 冊)、
　　オウィディウス (ノート 3 冊)、ラテン語文筆家(ノート 12 冊)、
　　碑刻文(ノート 12 冊)

　資料番号 3967 イポグラム：アンジェロ・ポリティアーヌス (ノート 11 冊)、
　　トマス・ジョンソンによる訳詩(ノート 13 冊)、

2

　　ロサーティ、パスコリ（大判の図表数葉）、ほか

　ゴデルはこのように、ギリシア・ローマ詩についてはアナグラム、後期ラテン語詩についてはイポグラム（英語読みだとハイポグラム）という別々の用語を使用しており、かれの説明によれば、固有名その他が織り込まれたものをアナグラム、透かしのように字面の下に隠されているものをイポグラムと呼んでいる。しかしこれら二つの技法がソシュールを虜にした事象であり、時代区分がその種別とはっきり相関していると受け取ってはならない。そもそも、ゴデルの解釈がどこまで正しいのか、かれの定義するような事象があるのかないのか、あるとすればいったい何なのか、そこが大きな謎なのである。こうして、ゴデルの用いた「アナグラム」、あるいは「イポグラム」という分類名がまず定着し、その後追いをする形でソシュールを熱中させた当の事柄の探索が始まった。

　この厖大な手稿類の解読と分析にはじめて手をつけたのは思想史を専門とするジャン・スタロバンスキ（Jean Starobinski 1920–2019）で、その研究成果は、手稿の寄贈があって数年後の、1964 年から断続的に発表され始めた。ソシュールがアナグラム研究の状況や得られた仮説を弟子であり友人でもあるアントワーヌ・メイエ（Antoine Meillet 1866–1936）に報告・相談した数多くの書簡もメイエ夫人の手元に残されていたが、同じ 1964 年にこれもメイエの直弟子エミル・バンヴェニスト（Émile Benveniste 1902–1976）の編集により言語学雑誌に発表された（Benveniste ed. 1964）。

　スタロバンスキの 5 編の論考を一書にまとめた、『言葉の下のことば』（Les Mots sous les mots）はさらに 6 年を経て 1971 年に出版され、ようやくここでソシュールの隠れた研究のあらましが世に知られることになった。この二種の手稿資料の発見と公開にまつわる不可解な遅延についてはあとで詳しく述べるとして、ここでは、スタロバンスキの解読・祖述した、ソシュールの「第 1 ノート」に即してアナグラム、もしくはイポグラムと仮称された言語事象に関する研究の概要だけを述べる。

§1.2 アナグラム・ノート

　研究のきっかけは、明らかに 1905 年の末から翌年に及ぶソシュールのローマ旅行にある。年明け匆々かれはメイエに、フォロ・ロマーノで頭を捻るのに恰好の材料を見つけたむねを書き送っており、何通かの手紙をとおして、この材料というのが古いサトゥルヌス詩体を伝える碑文であったことがはっきりしている。この韻律形式で書かれた詩は実例がごく少ないうえ、基本的に長短拍韻律か強勢拍韻律かもはっきりしておらず、もともとソシュールはその解決に挑むつもりであったようである。

　韻律基盤が曖昧であるという事態はなかなか想像しにくいけれども、この古い形式による作例がごく少ないことに加え、一般に強弱や高低、長短などの韻律要素には相互に随伴関係があり、たとえば高や強には長が付随し、長には逆に強や高が付随するので、ラテン詩の発生期にはその主・従の見きわめが明確についていなかったのである。この不確定領域が言語学者ソシュールを惹きつけたとしてもおかしくない。

　この当初の疑問にはやがて答えが出たらしく、バイイに宛てた手紙に、行末の処理に関して例外や許容が多くて分かりにくくはあるものの、それはギリシアの叙事詩風ヘクサメトロス（長短短 6 歩格）をラテン語に移入しようとして試みられた模倣的色彩の濃い型式に間違いない、と書いている（同年7月 17 日付け）。しかし、探索はここで終わらなかった。ソシュールは寡作で知られ、かれの名で公にされた著述はドイツ修学時代の論文数編にすぎないけれども、他方ではまれに見る筆まめで、1905 年から 1908 年にかけてメイエやバイイに宛てた報告や依頼文の要覧を日付順に見てゆくと、ほとんどそれは研究日誌さながらと言って良いほどである（Gandon 2002: 14–20）。

　やがてソシュールは、ある気になる事実を発見する。それはサトゥルヌス詩のばあい、母音は短い /ā/ なら短い /ā/、長い /ō/ なら長い /ō/ のように行中でそれぞれ音色と長短の等しい母音に対応している必要があり、加えてこの対応規則は子音についても義務的らしく、したがって行内に同じ音がかならず偶数回ずつ出現する、ということであった。かれはこの発見をことのほか喜んだように見えるが、それは長短拍ヘクサメトロス（6 歩格）とも、そし

て脚韻とも異なる、第三の規範が働いていることを直感したからに相違ない。

　こうしてかれは、母音の反復を作詩規範という角度から追求することに興味を覚え、ギリシア語、ラテン語の韻文を渉猟し、さらには探索をサンスクリットの古体、ヴェダ語にまで広げて、その規範本体と許される破格との詳細を導き出そうと努めたもようである。他方、反復パタンから外れて取り残された音声は次行に「こぼされ」、そこで一定の方式によって処理されることになるが、この余りの音声群はそのじつ独自の役割を担っているのではないか――このようにして、かれの前にはふたたび別の眺望が開けてくる。それは音の反復を統括するテーマ語(mot-thème)の発見である。

　「二ヶ月にわたる苦闘ののち」到達したのは、ギリシア、ラテン詩やヴェダ詩のテクストでは、字面の裏に、特定の語の断片を使った反復や押韻、および英雄や神人の名を下敷きにした字なぞ(cryptograph)が隠されており、その作成法は一定の規則のかたちで指定されていたのではないか、という予測であった。

　つまり、韻律形式を突きとめることから始まった探究は、次のような段階を経つつ対象圏がしだいにずれ動いていったと推測できる。

　　① 同一音の義務的な対応
　　② 規範化された反復
　　③ 字なぞの存在した可能性

しかしこの三つの様態は同一の事象のそれぞれ別の側面なのか、それとも異なる三つの事柄なのであろうか。

　ソシュールの仮説によれば、古典詩にはいまだ知られていない作詩法があったらしいという。

　すなわち詩人は、テーマとなる語をまず二連音(diphone)――ほかにも「音節」あるいは「対になる音の断片」などと呼ばれている――に解体し、これらの音連続をできるだけ多く詩行に織り込むのではないか。たとえば Hercolei(ヘラクレス)が作品のテーマだとすると、その断片 er-rc-co-ol-lei、Vergilius(ベルギリウス)なら ve-er-rg-gi-il-li などを連ねて作詩している形跡が見える。

（ここで、分析が音声面からなされ Hercolei の H をソシュールが黙字として除外していることに注意しておこう。）まだその方式の詳細がはっきりしている訳ではなく、ソシュールの文章も中途で途切れているが、次のようないくつか規則を守ることが要求されていたと推定されている。

1)　行もしくは行の一部で、テーマ語の構成音をその順、もしくは変化をつけて繰り返さなくてはならない

2)　子音列についても一行を割くよう規定されていたかも知れないが、立証するには実例が足りない、

3)　出来るかぎり韻を踏む行、ないし半行を優先的にあつかい、けっして［…］

見るとおり、仮説の骨格はまだ不完全なうえ、作詩法と字なぞとの見分けもはっきりついているとはいえない。作詩規範なのか彩りの一種なのか、行単位なのか複数行にまたがるのか、それとも一詩全体に関わるのか——こうした肝心の諸問題がいっさい手さぐりの「推測」の段階なので、この言語事象にソシュールが与えた名称は著しく多様であり複雑である。名付けのさい視点が一定せず、音声、文字、彩りなど多方面から複合的に行なわれているうえ、しきりに用語や定義の切り替えがおこる[1]。スタロバンスキ自身もソシュールの推測の内容と性格をはっきり把握しているわけではないので、かれの解説をつうじて明確な見通しを得ようとのぞむのは無理である。読み手は多くのばあい、スタロバンスキ自身の迷いと疑問をそっくり引き受けなくてはならない。

　いま仮に、二連音にもとづいているかどうか、テーマ語の構成要素と同じ

1　ソシュールは屋上屋を重ねるごとくアナグラム関連で多数の用語を作り出した。音声の問題と見るか、文字の問題と見るか、といった基本的な視点の揺れだけでなく (-phone, -phonie; -gramme; -graph, -scheme)、長さや目的、完成度の違いも名称のばらつきに反映され、「語」「名」「擬」、あるいは「並」「逆」「下」などに相当するさまざまな造語成分 (logo-, -nym, -mime, -text; para-, ana-, hypo-) を使用した。これについては、Arrivé 2009 に詳しい解説がある。

6

順序で並ぶか否か、行内にまとまっているかそれとも広く分散しているか、という可変項目に従って類別してみると、この現象の理想的なかたちは次の表の (a) イポグラム（hypogramme）で、定義によれば、これはテクストの表層と並行して同時的にテーマ語の二連音の断片がポリフォニーを響かせるケースをいう。

　ほかにも退行型式がいくつか考えられており、テーマ語が二音ひとまとまりで分配されずに、(b) 単音が跳びとびに現われつつ数語のうちにテーマ語の全要素を織り込むものがいわゆるアナグラム、それの不完全型式で、(b′) 特定の語と母音が韻を踏みながら展開するものをアナフォニー（anaphonie）、さらに、(c) テーマ語の構成音が行を越えてより広範囲に分散したものをパラグラム（paragramme）と呼んでいる。これらをすべて取りまとめ、細かい区別なしにアナグラムという用語が使われることもある[2]。

　種々の可変項目を素性としてこの四分法を整理してみると、おそらく二連音であるかないか〔±二連音〕、音声の並びがテーマ語と同じ順序かあるいはかき混ぜか〔±正順〕、一箇所に集中しているか、それとももっと広範囲に分布しているか〔±集中〕、語中の強母音で韻を踏んでいるかどうか〔±類韻〕（あるいは母音韻とも）という四組の二項対立に基づいていると考えることができる。ただしそのうちで〔±類韻〕だけは異例で、ソシュールは母音の反復を糸口として字なぞの問題に行き当たったせいでこの過分析が残存しており、分類上、「アナフォニー」という孤立タイプが生じている。付け加えるまでもなく、母音と子音との区別を度外視すれば、これも狭義のアナグラム（＝ b）のうちに数えられて良いはずである。しかし用語によっては叙述の途中で棄てられたり、区分が変転したりするので、この分類はあくまで一応の目安にすぎないことを念頭に置いておく必要がある。

　ともあれ、アナグラムに関わる基本的な用語はおおむね次のようにまとめることができる。

2　同じ「アナグラム」という語が総称としても、反復の一タイプ (b) を指しても使われることになるが、以下では、紛らわしいばあいには総称として「アナグラム法」という用語を使用する。

図表1　素性別に見た反復の主要タイプ

		二連音	正順	集中	類韻
アナグラム	a. イポグラム	＋	＋	＋	
	b. アナグラム	－	＋	＋	
	b′. アナフォニー	－	＋	＋	＋
	c. パラグラム	－	？＋	－	

　いうまでもなくこれはソシュールがアナグラムに関わると見た反復の諸相である。パラグラムに音の転位やかき混ぜがあるかどうかははっきりしないので疑問符つきとしたが、しかし後で触れるように、別途イポグラムとパラグラムとの複合したパラモルフ（paramorph）という範疇も立てられており、これには音位転換（〔－正順〕）もあることが想定されている。それゆえここはむしろ〔±正順〕とするのが妥当かも知れない。

　むろん詩的技法は反復だけによって成立するものではなく、反復が上記の4種類に尽きるわけでもない。アナグラム法なるものが実際に行なわれていたかいなかったかは措くとしても、技巧性という角度から詩的言語を捉えようとすると、この図表の枠外にはさらに、意識的な技巧か偶然の結果か〔±意図的〕、音声の問題か文字の問題か〔±音声〕、という、より根本的な問題が控えている。ソシュールにはアナグラムと呼びうるものが確かに存在するという確信があったけれども、それを詩人の意図的な工夫に帰しうるかどうかという疑問にはっきり答えることができず、それがかれにこの研究を断念させるひとつの要因になった。

　音声か文字か、という選択肢について、ある箇所では「字なぞ」という用語を提唱しているにもかかわらず、ソシュールはこの予想される作詩法を基本的に音声（音素）の問題と捉えており、その視点に背馳するアナグラムという名称を選ぶさい、「古代の詩に文字の問題を絡ませる気は毛頭なく、本来ならアナフォニーと呼びたいところだ」（Starobinski 1971: 27）とわざわざ但し書きを付けている。しかしそうはせず、方法論の不徹底と用語の混乱は最後まで尾をひいた。かれの用語は、アナフォニーを除きほとんどが -gramme その他を使って文字面から命名されており、公言された視点と実際の命名法が不思議なほど食い違っている。

また、よく知られているように、アナグラム (anagram) という語にはもともと〈綴り変え、変綴〉という定着した用法があるので、一方では、かれのいうアナグラムが文字表記の問題として受け取られる危険を避けながら、他方ではこの定着した用法との混同に気をつかわねばならなかった。

古い詩学書の定義するところによれば、旧来「アナグラム」と呼ばれてきたものは、「ある語を構成する文字や字かずを変えることなく、文字の順序だけを動かして別語を作るあそび」(Puttenham 1589: 108) であり、——おもに婦女子の、とパトナムはいう——そのほかにも変名やことば遊び、綴り字ゲームなどのなかで強固な地位を保っている。

たとえばフランソワ・ラブレー (François Rabelais ?1483–1553) は変名として Alcofribas Nasier、あるいはこれに較べるとだいぶ劣る Séraphin Calobarsy というアナグラムを用いたし、詩人パウル・ツェラーン (Paul Celan 1920–1970) の名前は出自を隠すために Paul Ancel を綴り変えて作った偽名である。なぜこれが変名や偽名を作るさいの手法として重宝されるかというと、当の名前からもとの形を割り出すことがまず不可能に近く、本名を気取られる心配がない反面、いざとなれば、綴り変えという手口を示して作者の正体を明かすこともできるからである。ヴェルレーヌ (Paul Verlaine 1844–1896) の署名 Pauvre Lélian〈惨めなレリアン〉は、タイプとしては有意味と無意味との混合で、すこし頭をひねれば解けそうである。

変名のばあい、文字の並びが当の言語の音韻規則に合っていればひとはこれを鵜呑みにし、意味のあるなしは問題にならない。しかし、同じ綴り変えでもそこに巧みに意味をからめると一挙に興趣が高まり、手の込んだことば遊びとして追求の対象になりうる。フランス語の chien〈犬〉から niche〈犬小屋〉へ、あるいは英語の revolution〈革命〉から love to ruin〈破壊が大好き〉へ、などの綴り変えは秀逸な作といって良いし、第 75 代イギリス首相、David Cameron が random advice〈当てずっぽうの助言〉に変貌するのも意外な諷刺性があって面白い。むかし喜ばれたものには、英国女王エリザベス (Elizabetha regina angliae) を Anglis agna, hiberniae lea〈イギリスには羊、アイルランドにとっては雌ライオン〉があったという (Fowler 2007)。日本でも、一時、水戸泉という四股名から「いとみみず」を導き出す思いつきが持てはやされたこと

がある。ウェブ上ではこうした単独アナグラムの作成・解読サイトがいくつか提供されている。

　綴り変えはまた stressed 〜 desserts のように、ごく稀に逆さ言葉、ないし回文と重なることがある。

　この手のアナグラムを作詩に利用した例もないではない。新しいゲームやことば遊びの考案に熱中したことで知られるルイス・キャロル（Lewis Carroll 1832–1898）には弱強詩脚（｜ ⌣ ＇ ｜）それぞれが、文字の組み替えによって別語をなすように考案された作詩例がいくつかあり、たとえば「アナグラムによるソネット」と題されたものは次のようになっている（Fisher 1975: 109）。

> The wig cast in. I went to ride
> 'Ring? Yes'. We rang. 'Let's rap'. We don't.
> 'O shew her wit!' As yet she won't.
> ……

詩とはいいながら、綴り変えを主眼にして作られているのでほとんど意味不通で、綴り変えて出る答えも文脈から完全に遊離しているが、各行の詩脚はそれぞれ as to 〜 OATS〈オート麦〉、the war 〜 WREATH〈花輪〉、try elm 〜 MYRTLE〈ギンバイカ〉、あるいは her wit 〜 WITHER〈しおれる〉のように意味ある別の語に組み替えられるように工夫されている（ただし、上で省略した個所には I tried のように正解がない詩脚もわずかに含まれている）。たいへんな苦心作であるには違いないけれど、ただそれだけの趣向で、仕込まれた語が別の層で別の文を作る、というような手の込んだ仕掛けがある訳でもない。

　ソシュールは「アナグラム」というこの既存の、かれの用法とは相容れない概念の傍らに幾通りもの術語と定義を累加していった。まえに〔図表 1〕で示したのは最も基本的で分かりやすい術語群で、しかもわずかにその一部であるに過ぎない。

　この段階でソシュールの予想した事象の性格を総括してみると、問題は韻律と密接に関係しており、たとえば母音の長短の区別が前提になるので、繰

10

り返しいうように、アナグラム法は基本的に文字というより音声上の現象として捉えられていたことが分かる。たとえばラテン語のばあい、五つの母音それぞれに長短の対立があり、韻律法はこの対立をもとに組み立てられているが、それにも関わらず文字のうえで長短は表記されないので、この音声か文字かというアプローチの選択はきわめて重要な意味をもつ。

　この音声上の単位となるものをさしてソシュールはしばしば音素（phonème）[3] ということばを用い、スタロバンスキはより徹底してこの術語を使用している。言うまでもなく音素は、いわゆる構造言語学に先鞭をつけた概念で、言語を構成する音的単位は耳に聞こえる音声そのものでなく、ある体系の中で相対的に規定される抽象体、ソシュールの用語でいえば「聴覚イメージ」であると見なされ、音声学と音素論（ないし音韻論）はそれぞれ別の分野、物理学と言語学に帰属するものとして峻別された。しかしアナグラム研究のどこかで厳密に音素論に基づいた考察が行なわれているという訳ではない。四タイプのうちイポグラムだけは単音でなく２音ひとまとまりの連鎖を指し、そこが他と違っている。ときに音節という呼び方がされることもあるが、これも母音を伴なった二連音を指すものと解釈できる。

　アナグラム法の基本はテーマ語をこま切れに分解してテクストの特定の場所から全面までの不特定の範囲に散りばめることにあるとされるので、テーマ語を照合先に取ればどの具現タイプも、一面では「構成音の不連続」ということを大前提とした、解体された語の布置であり、他方、もしテーマ語の分解を想定しなければ、それは単なる音形の加工で、原理的にはもじりや語呂あわせなどの局所的な音声遊戯と見分けがつかなくなる。現にソシュールは、アナグラム法が修辞学的なことばの綾と受け取られることを警戒し、語呂合わせ、掛けことばの問題に深入りすることを避けた形跡がある。もし深入りすれば、アナグラムに関わる発見の全体が台無しなることを内心かれが危

3　たとえば [n] と鼻濁音の [ŋ] は英語では sin/sing のように意味の区別に関わり、従ってそれぞれ音素をなす。しかし、日本語の [ŋ] 音は、[goma]/ [maŋo] のように母音に挟まれたときだけの位置的変異として音声的には聞かれるものの、たとえこれを [ŋoma] あるいは [mago] と標準的でない発音をしても意味に変化は起こらず、従って音素をなさない。音声表記は慣習的に角括弧 [　　] で括り、音素はこれと区別して斜線 /　　/ で囲む。

惧したからではないか、とスタロバンスキは推測している (Starobinski 1971:
32)。従って理論的には、この「テーマ語」を既定要素として設定するところが、
アナグラム予想の核心であると言える。

　ともあれソシュールは、ギリシア、ローマの詩に次のような技法（もしく
は作詩規範）があったらしいことを直感した。

　　あることばを強調するためにその語の音節をわざわざ繰り返し、こう
　　してもとの語をいわばなぞりつつ、第二の、人工的な存在を与える

(Starobinski 1971: 31)

　「音節」ということばが使われているところから判断して、この定義は明ら
かに理想的なケース、イポグラムを念頭に置いている。より分析的に見ると、
定義用語は「あることば（テーマ語）」「音節ごとの反復」、そして「語形のなぞ
り」という三つで、この手法の目的とするところは、ある主題の「強調」とい
うことになる。

　ここから浮かぶイメージは、なにか音節単位に分解され、ある語の形を飛
びとびになぞる、ことば遊びのようにも見える。ソシュール自身の説明によ
れば、表現の「時間的秩序のそとにある」この現象はしかし、表現の音編成の
特徴なのか、それとも綾 (figure of speech) の一種なのか、あるいは作詩の原理
としてもっと本源的な働きをしているのか、その点はまだ見極めが付かない。
またさきほどの分類〔図表 1〕はあくまでも観察事実の分類であって、これら
のうちのどれか、あるいはいくつか複合したものが謎めかしい「アナグラム
法」の実体であるのか、はたまたその作成方式を具現しているのかも未だまっ
たく不明である。

　ともあれソシュールは、自からの予想を裏付ける最終的な根拠を得ること
ができず、多くの資料類だけでなくこの研究そのものを封印してしまった。
かれの死後ほぼ半世紀を経てアナグラム研究の概要がしだいに明らかになっ
たが、ソシュールの究明しようとした当の問題は、かれを現代言語学の祖
たらしめた『一般言語学講義』の透徹した理論とはあまりに懸け離れており、
ノートの抜粋や私信をつうじて垣間見ることのできる内容は矛盾と迷走に充

12

ちていかにも分かりづらいものであった。かれが着目した現象の正体も存在も正確に掴めなないまま、さまざまの解釈や憶説、後発現象が生み出された。それも無理からぬことで、鍵のいくつか足りない謎を掛けられたような状況が、実はすべての出発点なのである。

　たとえばスタロバンスキそのひとも、アナグラム法を例示しようとして無謀にも時代と領域とを移し変えて、近代の、しかも散文詩、ボードレールの「年老いた辻芸人」（"Le Vieux saltimbanque"）から次のような一行を引いている（*Op. cit.*, 158）。

　　　Je sentis ma gorge serrée par la main **terri**ble de l'hystérie
　　　　　　HY .... S .... TERIE
　　　私はヒステリーの恐ろしい手でこの首が締め上げられるのを覚えた

　定義どおり「音節」が織り込まれているのは -TERIE の箇所だけであとは単音であるが、しかしその点を除けばこれは又とない好例で、実際に文面に現われた hystérie というテーマ語を音声的になぞるようにして HYSTÉRIE（発音は［isterí］）という「第二の存在」が埋め込まれている。ここにソシュールの予想したようなアナグラムがある、と言われればわれわれは納得するしかない。

　しかしこのようなケースが果たしてソシュールの追求していた詩法であったかどうか、この音声的模倣が意図的になされたか偶然の産物なのか——このどちらにも確証はなく、明らかに注釈者スタロバンスキは、時代、詩的伝統、言語、ジャンルをひと跨ぎにして自己流に基線を引き直している節がある。この事例はたしかに有力には違いないけれども、アナグラムをテクスト産出の手法と見なす立場を先取りしていることは明らかである。理解しがたいのは、ソシュールの確信と迷いの在りかを知り尽くしているはずのかれが、その知識をかなぐり捨てて、二音単位の織り込みという形跡だけを手掛かりに"アナグラム"の探索に熱中しているらしい点である。

　もうひとつ別の例として、丸山（1987: 110）の文章を見てみる。スタロバンスキと同様に、ここで丸山は「音節」「主題となる語」、あるいは「第二の存在

を与える」などの断片から、やはり自己流にアナグラムの全体像を組み立てようとしている。

　　ソシュールの期待もしくは確信はアナグラムが意識的行為であることだった。教養あるギリシア・ローマの文人たちは、その第二の本性とさえ呼べそうな詩（そして時には散文さえも）の技法を身につけており、彼らは主題となる語をあらかじめ対になる音の断片に解体しておいてから、これを"導きの糸"として詩を作成したのではないか。もしそうだとすれば、ソシュールは知る由もなかったろうが、彼はアナグラムが我が国の文学にあらわれる「かきつばた」であってほしかったのである。

　「かきつばた」とは、もちろん『伊勢物語』9段に載る折り句のことである。そこではなるほど各句の始めに「かきつばた」（実際は「かきつはた」）という語の音節、つまり「対になる音の断片」をその順に配置して一首を仕立てている。

　　から ころも
　　き つゝ なれにし
　　つ ましあれば
　　は るばるきぬる
　　た びをしぞ思ふ　　　　　　　　　　　　　　　（＝『古今集』410）

これを比較の対象にとって、丸山はアナグラム説をテーマ語の「分解」と「散種」による一詩全体の作成法と捉える立場を紹介しているのである。

　さらに続けて、かれは和歌における本歌取りにアナグラム法との類似性を見いだし、ついには定家百人一首の選歌法の背後に潜む絵画的原理——これは「歌織物」という名で呼ばれている——にまで論を拡げる。テーマをなすことばないしイメージを「なぞりつつ、第二の、人工的な存在を与える」、という辞句を発想の拠り所として、自分なりの物語を繰り広げていると言ってよかろう。

　これらはわずかな例にすぎないが、ソシュールの仮説に対する初期の反応

14

は、もっぱらこのように、ソシュールの示唆するアナグラムのうちに、創作というものの秘密を解き明かすひとつの鍵を見出そうとするところにあった。かれの予測を触発した言語事象がはたして何であったのか、その正体を解明する作業は棚上げにされ、「言語の世紀」といわれた 20 世紀の終りを待たずしてこの予想自体も忘れ去られてしまった。

　これから述べようとすることは、このソシュール未完の研究がさまざまな誤解と曲解をへて検証可能な解にたどりつくまでの紆余曲折である。しかし、この問題は言語の素材と行使、日常言語と詩的言語との差異、意識と無意識、といった多くの領域を巻きこんで展開してきたので、《定義の上では》ソシュールの予想に合致する二つの系譜を取り上げ、アナグラム説が直面せざるを得なかったいくつかの問題を概観しておく。ひとつは、詩において音声の布置がテーマを模倣するという観点を音素のレベルで検証しようとした試み、もうひとつは、ことばを切れぎれにして隠すことが規範化されたケース、和歌におけるいわゆる「折り句」の実態である。

§1.3　詩的言語における音声と意味

　従来、詩のことばにおける音声と意味とのかかわりについて「模倣」といえば、それは音声による意味の模倣、つまり何かの内容を、いかにもそれにふさわしいと感じられる音声で表現する、ということであった。よく知られているように、ソシュールは、言語記号において「表現（シニフィアン）を内容（シニフィエ）に結びつける紐帯は恣意的である」とし、「表現」と内容との関係、ひいては言語記号と対象との関係の恣意性をもって言語記号の第一の原理とした。けれども詩は特殊な目的のもとで「行使された」言語、かれのいうパロルの一型態なので、情報の的確なやりとりをめざす日常の言語とは著しく異なる編成原理にしたがう。恣意性の原則に逆らうような、音象徴、音楽的等価性などと呼ばれる現象もそのひとつである。

　たとえばイギリスのロマン派詩人、コウルリッジ（S.T. Coleridge 1772–1834）の長編詩「老水夫の歌」（1798）からの例。

　同じ海路の、一方は微風のなかを船が漂流する場面 (a)、もう一方は氷山

が轟音を立てて砕け落ちる場面(b)である。語音の連なりとしての例なので、訳文はあえて添えない。

(a) *The fair breeze blew, the white foam flew,*
The furrow followed free;
We were the first that ever burst
Into that silent sea.

(b) The ice was here, the ice was there,
The ice was all around:
It crack'd and growl'd, and roar'd and howl'd,
Like noises in a swound !

(S.T. Coleridge, "The Rime of the Ancient Marinere")

　まずこれは、言語使用のタイプからいえば、虚構的な描写であって日常のやりとりに見られる報告や語り、誘いなどとは性格が根本的に違っている。

　表現のうえでも、リズムが規格化され(＝弱強4歩格と弱強3歩格との交替)、同じ構文や同じ語がしきりに繰り返され、明らかに日常一般の語法からはだいぶ外れている。音声的にも厳しい制約が課せられており、偶数行末と奇数行の内部では義務的な語呂あわせが所定の場所を占めている(＝押脚型式 abcb と、奇数行における内部韻：[a] $_1$blew. flew; $_3$first. burst; [b] $_1$here. there; $_3$growl'd. howl'd)。

　これに較べると、「音声による意味の模倣」は義務的でこそないものの、やはりそうした編成原理のひとつとして意図的に追求された形跡がある。イタリックにした箇所では、凪いだ海を船がすべるように進むさまが、両唇音 [f] と流音 [l; r] を中心とした子音列と母音 [iː; uː] との配合、そして短母音と長母音の絶妙に交替によって表現されており、情景がいかにもそれぞれにふさわしい音声で描かれているように感じられる(＝a)。

　逆に氷山の崩壊(＝b)は、唇子音 [k、g] と聞こえの大きい [r] との組み合わせ、重々しい [æ, ɔ, au] の多用によって、軋み、砕け、轟音が犇しあうようすが巧みに「模倣」されている。いうまでもなく crack、growl、roar、 howl などはもともと言語音を以て自然音を模倣する、いわゆる擬音語（phonomime）であるが[4]、本来そうした性質のない noises や swound までもそれぞれの音特性が文脈的に活性化され、全体の累積効果に寄与している印象がある。（これに対して、1 行うえの around は、同じく [-aund] で終わるにも関わらず、意味の流れからいって、そうした模倣性には与らない。つまりこの種の効果は、たとえば絵の具の塗り重ねや縁取り、抑えなどのように、文脈の処理をつうじて制御可能なのである。）

「両唇性」「流音性」、あるいは「後舌」母音、「わたり」母音など、いわゆる音韻特徴ほんらいの機能は意味の弁別にあり、それは単音、音結合についても同様である。けれども、その働きとは別に、音韻特徴や音それぞれの象徴性、あるいは意味との親和力を意識的に利用することによって、ことばによる、事象の模倣が可能になる。

このように詩的言語において音声は、韻律の基盤、快い調べ、あるいは意味の模倣その他、多様な役割を帯び、恣意的か恣意的でないかという二者択一的な議論には明らかになじまない。

しかしその音声が「語を模倣する」、と正当に主張することが果たしてできるのであろうか。

§1.4　詩の音素分析

詩のことばにおける音声の役割や効果については、たとえば上のような個別的、印象論的な議論から何とか脱却しようとする試みもいくつか存在した。その代表格は、ある詩作品における各音声の荷重をもとに基調音を突きとめ、これらを特定の語に比定して、当の詩のテーマをその語の意味によって代表させようとするものである。なかでもリンチ（Lynch 1953）の方法はソネット形式[5]の叙情詩における意味と音声との相関関係を「統御された条件」のもと

4　このうち growl、roar、howl の三語はふつうライオンや狼など獣をさす名詞と連語関係に立つ動詞なので、ここには獣の唸り、遠吠えで氷山が砕けて崩落する轟音を比喩するという、別種の模倣型式もある。

5　ペトラルカが愛用したことで知られる 14 行の短詩形である。ペトラルカ風のソネットは

で、一語に集約・還元しようとする試みとして特筆に価する。この試みをかれは音素分析(phonemic analysis)と名づけたが、音素の分布をテーマ語の割り出しに結びつけるという点で、系列こそ全くの別物であるがアプローチの仕方が酷似しているように見える。音素分析の目的としてリンチは次の二点を掲げている。

1)　作品の音編成(orchestration)の全体効果を突き止める
2)　音素が総体として作品の意味内容にいかに貢献しているか明確に分かるよう、主題を一語として取り出す。

これが従来の考え方と根本的に違うところは、重点分布という角度から詩の基調をなす音素を突き止めれば、それらの音素をもとに、当の詩の内容を集約する「語」を発見することができる、という仮説に立っている点である。適不適といった印象論はいっさい前提されていない。

■ 詩のテクストでは、主題となる語をなぞるかのように特定の音素群が重点的に使用されており、計量的な手法によってこの語を検出することができる

のちに言語学者、詩人のデル・ハイムズ(Dell Hymes 1927–2009)も、この仮説を吟味する目的でキーツとワーズワースによるそれぞれ 10 篇のソネットを対象として追試験をおこなっており(Hymes 1960)、近代から現代にいたるソネットを中心に、合わせて 30 篇に近い作品がこの音素分析に掛けられた。

脚韻構成 abba abba | cde cde を基本として八行連と六行連の前後二部に分かれる。イギリスに導入されると、弱強五歩格、14 行を基本として種々の脚韻形式が工夫され独自の発達を遂げた。次のキーツのソネットでは abba abba | cb cb cb という二部構成——訳文では字下げで示されている——が採られており、シェイクスピアは ab ab cd cd ef ef | gg として、最後の二行連を独立させる形式を用いた。脚韻形式に付随して表現の上では区切れ(｜)の位置が変わるので、これによって生じる種々の連構成をさらに内容構成に反映させることで詩人はさまざまの可能性を追求することができた。

（ちなみに、ほかに取りあげられた英詩人はマーロウ、ダン、コリンズ、アーノルド、スペンダーなど。）

　リンチの方法は、対象とされた詩における①音素の頻度を基数として、用いられた各音素が、②律読したとき強をになう環境にある、③散文的な意味に基づいて読んだとき強勢をになう、それに、④頭韻、反復など、音声上の技巧に関係してとくに強調されている、という条件のどれかを充たすごとに数値1を加算してゆき、最終的に主要な使用音素それぞれの順位表を得る、というものである。

　ハイムズの方式も、算入する音反復のパタン④をリンチよりきめ細かく規定したうえでその数を限定している点を除いて、基本的にはこれと変わらない。しかし、得られた数値を解釈するうえでは、特定の音素の頻度が当の詩において、もしくは英語での出現基準値に較べてとくに高いか、詩全体（ないし8行連もしくは6行連それぞれの）のテーマを表わしているか、位置的に当の詩のクライマックスに置かれているか、という3点を吟味し、3条件をすべて充たしているか最初の2条件を充たしているかによって「総まとめ」（summative word）、と「キーワード」（key word）という用語を使い分け、これに無結果のばあいを加えてつごう三段階の判定枠を設けている。

　分析の詳細をそれぞれ解説するいとまはないが、リンチはキーツ、「チャプマン訳のホメロスを初めて覗いたとき」（1817）を材料としてこの分析法を試しており、ハイムズも独自の方法により同じ作品について検証を行なっているので、両者の分析結果を比較してみる。

On First Looking into Chapman's Homer

Much have I travell'd in the realms of gold,
And many goodly states and kingdoms seen;
Round many western islands have I been
Which bards in fealty to Apollo hold.
Oft of one wide expanse had I been told
That deep-brow'd Homer ruled as his demesne;

Yet did I never breathe its pure serene

Till I heard Chapman speak out loud and bold:

Then felt I like some watcher of the skies

When a new planet swims into his ken;

Or like stout Cortez when with eagle eyes

He star'd at the Pacific—and all his men

Look'd at each other with a wild surmise—

Silent, upon a peak in Darien.

これまで詩の黄金郷を何度も旅し、

　たくさんの立派な国や王国を見た。

　詩人たちがアポロンに臣下の誓いを立てている、

西方の多くの島々に行ったこともある。

額秀でたホメロスが領国として支配した、

　ある広大な土地のこともしばしば聞いていた。

　しかし、チャプマンが奔放かつ声高に呼ばわるのを

聞くまで、その地の新鮮な精気を吸ったことはなかった。

そのときの僕は、新しい惑星が視界に

　出現したときの天体観測者のように、

あるいは鷲の眼で太平洋をじっと見入っていた

　精悍なコルテスのように感じた。部下たちも全員、

驚き怪しみながら、お互いを見つめている――

　ダリエンの頂きで、おし黙ったまま。　　　　　—中村健二訳

　音素とは、ある言語において意味を区別するような最少の音韻的単位をいうが、ソシュールはこれをそれぞれ独自の値をもつ音声ではなくて「純粋に対立的、相対的かつ他律的な要素」(de Mauro 1972: 164) と定義していた。それゆえ音素表記は正書法における綴り字とはだいぶ違い、基本的に「一要素一記号」を含意するので、たとえばこのソネットの最初の文はリンチの音素表記法によると次のようになる。

（第 1 行）mʌč həv aʸ trævəld ɪn ðə rɛlmz əv gold,
（第 2 行）ənd mɛnɪ gudlɪ stets ənd kɪŋdəmz sin.

音編成を突き止めることが目的なら、ふつうの音声表記でも支障がなさそうに思われるが、リンチが特に音素論によった理由は、これが当時の先端領域であったのと、例えば出だしの much は音素論では /mʌč/（あるいは /məč/）と分析・表記されるのに対して、音声学では [mʌʧ] となって、語末の子音は破裂音 [t] と歯擦音 [ʃ] との合成という余計な前提が付随する。言いかえれば、言語音の記述として音素のほうが純度が高い、と考えられたからであったと思われる。

ともあれこのような音素列が、上記の方式に従って詩律、音声的な技巧、およびシンタクスという点から多面的に数値化されてゆくことになるが、その結果、もっとも高い数値を与えられたのは最終行の冒頭、*silent* の強拍 /$s_4a^y_5$/ である。このほかに指数 5 に達した音節はなく、わずかにその直前の行の *surmise* と第 3 行の *hold* の母音 /a^y_4; o_4/ だけが数値 4 である。

他方、作中で優勢な音素（dominant phonemes）の順位は、子音では /n, d, 1, t, s/、母音は /a^y, ə/ の順である[6]。そのうち /d/ はソネットの末尾に掛けてしだいに目立たなくなってゆき、全篇を読み終えるころには意識されなくなるとして、最終的には除外されている。この除外に充分な根拠があるかどうか気になるが、あとで見るように数字的にも裏づけを取ることができる。

すでに明らかなように、/d/ を除いた残りを並べ替えると、内容的に詩の要点をなすとともに、最終行の冒頭というもっとも重要な場所に置かれて詩全篇の主旨を要約する語、*silent* /sa^ylənt/ が得られる。以下、かき混ぜの整序を表記するさいには、ヴンダーリ（Wunderli 2004）にならって、取り順を左から右への方向線と行替えとによって示す。

6　ちなみに両者が判定基準としている英語音素の出現頻度は、Hayden (1950) の統計では、子音の順位は /n、t、r、s、l、ð、d、k、m、z、t、p、…/、母音では /ə、ɪ、æ、ɛ、a、i、u、o、ay、ɔ、…/ のようになっている。

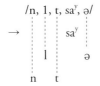

　単に頻度順をしめす言語的には無意味な音列から当のソネットの「テーマ語」*silent* を導くには、このように順序の入れ変えを認めざるをえず、従って「計量的な手法」はそのじつ綴り変え、すなわちアナグラム関係を含意しているといえる。「意識的に作用したか無意識的であったかはともかく、《第六感》によって詩人は意味にもっとも相応しいことばをクライマックスに据えただけでなく、詩のもっとも基本的なレベル、音声、においても叙情精神の生動の極点を作り出したのである」(Lynch 1953)。

　付け加えると、このばあい基調をなす音素群をもとに仮構される「第二の、人工的な存在」、すなわちテーマ語は、スタロバンスキの挙げたボードレールからの例と同じくテクストで用いられた語のひとつと一致している。しかし、テーマ語がつねにテクスト内にあるとは限らず、またそのようなケースが理論的に排除される理由もない。ソシュール自身も、メイエに宛てた手紙で明確につぎのように述べていることを想起しておこう。「アナグラムは、文面に現われていようが、まったく言葉として発せられていまいが、文脈から自然に心に浮かんでくる名前をめぐって展開される」(Benveniste 1964: 111)。

　他方、ハイムズは手順として前半 8 行連と後半 6 行連それぞれの点検と全 14 行の点検とを二段構えで行なっている。リンチの除外した /d/ 音についてもとくに言及し、ソネット全篇では第 3 位を占めるこの音素が、8 行連では 1 位にくるものの、6 行連では 8 位となってほかの 4 音と並ぶ、と述べている。これは、一篇を読みおえるころには意識されなくなる、というリンチの発言を追認したものと思われる。

　全体を通してもっとも優勢な音節核は /e/（発音上は [ei] に相当）で、キーツはこの母音を特に好んだようだとハイムズは考えている。この作では、子音 /n, l/、母音 /e, aʸ/ の重要度がキーツの 10 作品中でもずば抜けて高く、子音の順位は /n, l, d, s, t/ の順である。これはリンチの出した結果 /n, d, l, t, s/

と若干くい違っているが、かれの説明によれば、その原因はかれがリンチと違って音素の生起回数を算入していないことによる。

　結論を述べれば、ソネットにおける音の重点的な配置と内容面での盛り上がりには一定の対応関係があると言えそうである。ハイムズの慎重な言いまわしによれば、「ソネットの主題を要約する語は、当のソネットに特有の、音声の集中に照応することがある」と考えられ、試験の対象とした 20 篇のうち約 7 割について「総まとめ」の語か「キーワード」が検出できたとしている。

　このアプローチに対して、詩歌の音編成は内容や情調をもとに味わうべきもので、このように、言うところのオーケストレーションだけに限定された数量的な処理が自足的であると考えるのは大きな間違いであり、これはその「悲しい一例」であるとする批判があった (cf. Fowler 1971: 33, n21)。しかしこの二つの試みは、音素という「技術的な」概念は別として、印象論に代わるべき根拠を詩のテクストにおける音編成に求めようとしたもので、詩歌にあっては、際立ちを与えられた音声群が「アナグラム式に」テーマをなぞる可能性を明確にした点で、これから述べるさまざまの主張と並び、明らかにひとつの範疇を代表しているといえる。

　あとで再び取り上げるが、実際、スタロバンスキ以後に興ったアナグラム探究の動きのなかでも、それを音声の分布パタンの特性として捉えようとする主張は後を絶たなかった。

第2章　アナグラムの幻影を追って

§2.1　ことばを隠す詩法

　ソシュールのアナグラム予想から、丸山 (1987) はまっさきに折り句「かき
つばた」を想起した。西洋の、いわゆるアクロスチック詩 (acrostic) も作詩法
としては基本的に折り句と変わらないが、それにも関わらず日本の和歌をか
れが連想した理由は、いうまでもなく歌が強制的に音節、すなわち子音＋母
音からなる二連音に基づいているからである。たしかに折り句は、所定の音
節を所定の位置に据え、表現の裏に第二の存在としてのことばを敷き込む技
法で、歌作りのプロセスはこの初期条件に支配される。このように、ことば
を隠すこと——他方でそれは《隠しつつ、見せる》ことでもある——が詩法と
して確立されたとき、それはどのような形をとり、どのような性格を帯びる
のであろうか。

　いわゆる「折り句」は、『古今和歌集』では四季や恋を詠んだ歌とはべつに、
巻第十「物の名」として部立てされている。何らかの形で意味の二重性を狙い
にした歌を取りまとめてこう呼んだものらしい。

　和歌にはこのように語をいわば隠し絵のように潜ませるさまざまの手法が
あり、この独立した部立ては、この種の歌が主題でなく技術面から分類すべ
きものと見なされていた証拠である。しかし「物の名」という分類枠が代々継
承された様子はなく、たとえ使用されていたとしても各種の手法の総称とし
てであったり、雑体の歌のごく一部を指したり、内容はまちまちである。

　『古今和歌集』における「物の名」は、テクストにことばを隠し入れるさまざ
まの技法を総称しており、おおよそ次のような諸型式を包摂していると見る
ことができる。「名」といいながら、隠されることばが必ずしも名詞であると

は限らず、「辞書項目」ていどに理解するほうが適切である。

1) 掛けことば：同音異義を利用して重層した読み筋をつくりだす
2) 隠し題：表現の裏に内容とは別の辞項を潜ませる
3) かぞえ歌：表現の裏に複数個の縁語を潜ませる
4) 折り句：語句を構成する要素（文字）を順に歌中の所定の場所に置く

　いうまでもなく、すべての物の名がこれらのどれかひとつの形式に還元されるわけではなく、二つが複合したり、ひとつの形式がいくつかの型に分かれたりすることもありうる。たとえば掛けことばが後の例で、単独の表現（「秋」と「飽き」など）や、言いさしと受けの部分との重なりによって複数の読み筋にまたがるもの（たとえば「〈₁霜夜のさ〈₂む〉₁しろ〉₂に衣かたしき」）、対句、その他いくつか主要なタイプがある。しかし大きくいえば、これらはすべて言葉の備えもつ音形に別表現への素材性を見いだし、それを歌という形式に組み入れた遊戯である。すなわち、物名歌の狙いはおもに

■ 言語コードと詩的メッセージとの重層性を意識させる

ところにあり、うえの分類は隠れたコード、スタロバンスキのいう「第二の存在」の意味がどのていど見えやすいかにも対応している。
　掛けことば（＝1）では、隠された語句の形も意味も見えやすくなくてはならない。ふつう多義性はコミュニケーションにとっては雑音であり、誤解の種でしかないが、掛けことばは、正確にいえば多義性ではなく言語記号の二面性である。隠される語は一般に歌の主題とは無関係の、任意の語形であればよく、その意味が歌の主題に関わるかどうかはあまり問われない。
　隠し題（＝2）についていうと、字なぞという点ではアナグラムの定義項を思わせるけれども、語句を隠すことは単なる趣向にととどまり、意味の面で、それによって歌の内容に寄与することが考慮されたようには見えない。つまり「題」は辞項であるに過ぎず、テーマ語をなすことはごく稀である。むろん例外もないわけではなく、つぎの2首では歌と隠された題とがわずかに響き

合う。

　　うぐひす　　藤原としゆきの朝臣
　心から花のしづくにそぼちつつ<u>うくひず</u>とのみ鳥のなくらん
（『古今集』422）
（自分から花のしづくに濡れているのに、どうして憂く干ずとあの鳥は啼
くのだろう）
　　ほとゝきす
　<u>くべきほどときす</u>ぎぬれや待わびて鳴なる声の人をとよむる
（『古今集』423）
（相手が来なくて待ちわびたのかやっと啼いてくれたので人々も打ち騒ぐ
ことだ）

　これらの句では隠し入れた語がそれぞれの歌にとって注釈的な機能を果た
しており、422番では「憂く干ず」と鳴きぬれる鳥がウグイスであることを具体
名の暗示によって、あるいはその次の歌ではようやくホトトギスの声が聞こ
えたことを、声の主への言及によって、側面的に伝えていると言える。しか
しこれらはあくまで例外らしく、自覚的に隠し題の意味層を透かし見せよう
とした歌は、あって良いはずなのになかなか見当たらない。物名歌を多く収
めていることで知られる『拾遺集』も『古今集』の前例を踏襲したのか、隠し題
が主題に一致する歌を冒頭に掲げた形跡がないでもない。たとえばつぎの歌、

　　紅梅　　よみ人しらず
　うぐひすの巣つくる枝を折りつれば<u>こをばい</u>かでか生まむとすらん
（『拾遺集』354）
（うぐいすが巣を作る枝をわたしは折ってしまったがどうやって卵を生も
うとするのだろう）

　ここでは、ウグイスに〈紅梅〉が取り合わされており、主題を膨らませる工
夫がなされていると解釈できなくはないが、それにしては効果にとぼしい。

つぎの歌でも、カキツバタを使った摺り染めに言及しているのならともかく、「花」の具体名が提示されているとは必ずしもいえないように思われる。大括りな「はな」「ひと」「とり」などによる範疇的な暗示の効果を尊び、具体名の特定をむしろ避けるという和歌のしきたりに抗って解釈するのは難しい。

　　かいつばた　よみ人知らず
　こき色がいつはたうすくうつろはむ 花に心も付けざらんかも

　　　　　　　　　　　　　　　　　　　　　　　　　　　（『拾遺集』359）

（この濃い色がいつまた褪せるとも分らない。花に心を寄せないほうが良いかも知れない）

　反証例のこのような少なさから見て、隠し題の興趣はあくまでも表現の裏に語句を忍び込ませるその一点に求められており、ただ単に、ことばを隠すだけの趣向にとどまったと判断してよさそうである。
　語義の参入がなぜ歓ばれなかったかというと、それはおそらく掛けことばと隠し題との区分にかかわる事柄であった。「けふ別れ明日はあふみの」といえば対句の力によって「あふみ（逢ふ身／淡海）」の二義を共に発動させる掛けことばになるが、「あふひ（逢う日）」に〈葵〉（『古今集』433）、あるいは「わらび（蕨）」に〈藁火〉（『古今集』453）を隠したとするのは「声こそ異なりたれど同物名なり。隠したりと言ふべきにあらず」（「八雲御抄」）として咎められる。同音異義語はそもそも別語であるから、それぞれの意味を活かす工夫を凝らすか（＝掛けことば）、表の意味で押し通しつつ可能な第二の存在に気づかせるように歌を作るか（＝隠し題）、利用の仕方は二つにひとつということであろう。
　しかしそこには、もう少し言語の構造的な側面が関わっている。最初のリストで、隠し題は「表現の裏に内容とは別の辞項を潜ませる」手法としたが、「潜ませる」とは次の3則に支えられた意図的、意識的な行為である。

　1）　配列を工夫して、いくつかの無意味な切片からコードまがいの音列
　　　を造りだす

2)　慣用の「かな」表記に基づいてこの工夫をほどこす（清濁を区別しない、など）

3)　現実の発音をもって慣用の文字表記に代えることも許容される
　　補則：歌を表記するさい、題を隠した箇所には「かな」を用いて意味を伏せる

　詠み入れられるコード（＝語句）の種別は、一語から成句まで各種ある。無意味な切片から有意味な単位を合成するということは、当のコードが個々の歌、つまり詩的メッセージ、の構造的な強制からくる境界をまたぐということで、これが隠し題の成立条件であり、またこれが発見時の驚きの主因、つまりは表現効果をなしている。

　境界には詞辞の境界（・）、語境界（｜）、韻律境界（‖）の三つがあり、後者にはいわゆる区切れ（＃）も含まれる。たとえば下の歌、

　　いぬかひのみゆ　よみ人しらす
　鳥の子はまだ雛ながら立ちていぬ かひの見ゆるはすもりなりけり

（『拾遺集』383）

（鳥の子はまだ雛なのに飛び立ってしまった。卵が見えたけれど巣守りだったよ）

　ここでは、「たちて〚いぬ＃かひ・の｜みゆ〛るは」のように、複数個の刻みを強制するような表現に、「イヌカヒ・の｜み・湯」という内部構造をもつ言語コード、このばあい信濃の国、安曇郡にあった温泉の名、が埋め込まれている。このメッセージとコードとの境界のずれ――いわゆる「ぎなた読み」に類した構造――を意図的に作り出すことが「隠す」という行為の実体であり、コードはあくまでコードの次元にとどまって「意味ある思考」とはならない。表現効果はこのずれの大きさに比例すると考えられるけれど、ほかにも語源意識のありかたや、清濁の違いも含めた用字と発音とのずれが重層的に絡んでくるので、それを細かく計測することは現実には難しく、おそらく無意味でもあろう（たとえば「ヒグラシ」～「想ひ｜暮しの」、「マツタケ」～「まづ｜焚

け」、「ヨドガハ」〜「見よ｜とかは」などを参照）。

　加えて、5文字以下を隠すのは易しいとされ、実作では出来るだけ字かずの多い題に挑戦して手柄を競った形跡がある。隠し題はこのように多分に遊戯的な側面を備えているので、境界の多さからくる検出の難しさも評価を左右したと考えられる。次に挙げる「藻・も〜モモ」、あるいは「う＃目〜ウメ」あたりが字かずの下限でほとんど反則に近いが、おそらく花の名前であるという理由で目こぼしされたもののようである。

　　もも　輔相
　心ざしふかき時には底のももかづきいでぬる物にぞ有りける

（『拾遺集』392）

　（思いが深いときは海の底の藻さえ取って挿しにするものなのだ）

　　うめ　よみ人しらず
　あなう目に常なるべくも見えぬかな 恋しかるべき香はにほひつつ

（『古今集』426）

　（ああ情けないことだ、恋しいはずの香は匂うのに常のものとも見えなくて）

　逆に長いものとしては隠し題を得意とした藤原の輔相の作（『拾遺集』384、417、426）のように9文字を隠した例があり、つぎの歌では「〖あらふ｜根｜のみ・や＃白・〗く見ゆらむ」と、詞辞の境界二つ、語境界二つ、韻律境界一つをまたいでいる。

　　あらふねのみやしろ　輔相
　茎も葉もみな緑なる深芹はあらふ根のみやしろく見ゆらむ（『拾遺集』384）
　（茎も葉も緑の深芹なのに洗う根だけがなぜ白く見えるのだろう）

　条件2）によって音韻上の清濁の違いはいっさい度外視され、ほかにも、たとえば「［こをば／い］かでか」が紅梅として扱われていたように、お／を、

い／ゐ、ん／む、など、実際の発音を文字表記に優先させることが認められていた。まえに見た例では「かいつばた」が「かきつばた」として扱われていたが（『拾遺集』359）、これもそのような許容の一例であろう。

　「かぞえ歌」（＝3）としたのは『古今和歌集』「かな序」の用語に倣ったものである。そこでは次の作が例歌とされ、3種の鳥の名、「ツグミ」「アヂ」「タヅ」が詠み込まれている。

　　咲く花に思ひつくみのあちきなさ身にいたつきの入るも知らずて

　　　　　　　　　　　　　　　　　　　　　　　　　　　　（「かな序」）
　　（咲く花に執着するなど無益なことだ、わが身が妄執に囚われることも知らないで）

　物の名の部には他にも3語、4語を詠み込んだ歌が掲げられており（『古今集』454, 455）、『拾遺集』にも同種の歌や、つぎのように、干支の6語を順に詠み込んだ歌（429, 430）が収められている。

　　ね、うし、とら、う、たつ、み　読人不知
　　ひと夜ねてうしとらこそは思ひけめ　うきなたつみぞわびしかりける

　　　　　　　　　　　　　　　　　　　　　　　　　　（『拾遺集』429）
　　（一夜の契りで気に入らず遠のいたのだろう、それで浮き名が立つとは情けないことだ）

　これらも強いていえば隠し題の一種である。しかし目標は、ある意味範疇を設けることによってなるべく多くの類語を意識化させることにあるので、それに応じて条件にも大きな違いが生じる。
　まず本来の隠し題に見られた境界越えという特徴がここにはなく、対象としては短音節の語が中心になり、「隠したりといふべきにあらず」とされた語中成分の有意味化（「あちきなさ」→「あち」、「いたつき」→「たづ」）が主役に転じ、比重は掛けことばや単なる文字入れにかたむく。うえの歌では「憂しとこそは」とあるべきところを無理やり「うしとらこそは」と「寅」を入れて7音

にした形跡がある。「牛虎［丑、寅］こそは」と読めなくもないが、そうすれば
ノンセンス歌になる。いずれにせよ、無理やりことばを撓めてでも技巧を押
し通すわけである。

　「かな序」の例歌「咲く花に」では隠し題が一つ（＝「思ひ｜〚つく｜み〛・の」）、
語中の語をほのめかしたものが二つ、あとの、干支を詠み込んだ歌ではすべ
てが文字入れでそれ以上のものではない。いずれにせよかぞえ歌は、狙いこ
そはっきりしているものの、形態上の純一性を欠いた混合形式であると言え
よう。

　ここで注意すべきことは、隠すという行為の性質上、この種のテクストで
は見過ごしや誤読が防げないという事実である。たとえば「かな序」の例歌は
別の集では大友の黒主の作、「つぐみ」の隠し題として扱われている（『拾遺集』
405）。編者はそこに「ツグミ」のみならず「アヂ」と「タヅ」が詠み込まれてい
ることに気付かなかったか、気付いたとしてもどちらも語中成分であり隠し
題に求められる境界条件を充たしていないとして無視したか、二つのうちの
どちらかである。

　このように詠み入れの有無について解釈が割れるばあいには、歌の部立て
そのものに差異が生じ、こんどは逆に特定の解釈を優先させることになる。
在原の業平の「かきつばた」は、折り句であることがあまねく知られていなが
ら、『古今集』では物の名でなく、羈旅の歌として読むことが指定されている。
またつぎの一首は「題しらず、読み人しらず」として雑の歌に入れられている
が、小林（2004: 133）によれば、これは藤原の輔相の物名歌集、『藤六集』では「く
るみ」を詠み込んだ歌とされているらしい。

　　雁のくる嶺の朝霧 はれずのみ思ひ尽きせぬ世の中のうさ　（『古今集』935）
　　（峰に朝霧が垂れ込めているように心がはれる時もなく、思い屈すること
　　ばかりだ）

　つまり、隠し題の伝統が確立された詩的環境にあって、意図して、作法通
りに作者はこの語を隠し入れたにもかかわらず、読む側、すなわち『古今和
歌集』の編者たちはそこに気付かなかったか、気付いていても偶然の所産、

あるいはこの一首にとっては副次的な趣向であると見なしたわけである。言いかえれば、隠し題は見過しを防止する装置を何らもたず、わずかに境界越えという原則の順守だけをその存在の証しとしていることになる。しかもそれは十全な保証とはいえず、たとえば上の「あ〖さ・ぎ〗り」に語境界をまたいだ「サギ」を読み取ることも出来なくはない。一方は意図的で、他方は偶然の結果であると言い切る理由は原則としてどこにもない。

　一見すると、詠み込まれる語句としては花の名が目立って多い。しかし、繰り返しいうように、隠される題は歌の表現内容に奉仕することが求められないので、いわゆる歌ことばに限定される訳ではなく、ニガタケやこんにゃく、日干しの鮎などの食べ物、漢語、はては『散木寄歌集』では和歌での用例がおそらく絶無であるはずのカラスまで題とされている。ソシュールのいうテーマ語が、主題をなす名詞や、神名や、作者名、パトロンの名前などとされているのに較べれば、この点ですでにアナグラム法と隠し題との性格の違いが現れているといってよい。一方はおそらく秘すべきものとして隠すのに対して、他方は顕わすために隠すのである。

　そうかといって和歌にも固有名の詠み入れられた例がないではない。名だたる社や名湯、地名などがしばしば詠み入れられ、わずかながら人名もそのなかに混じる。有名な例は何といっても『平家物語』に見えるつぎの歌である。

　雲井よりたゞもりきたる月なればおぼろげにては言はじとぞ思ふ
　　　　　　　　　　　　　　　　　　　　　　　　（巻第一、「鱸」）
　（雲間からただ漏れてきた月ですから並大抵のことでは申すまいと存じます）

　月の描かれた扇を種に、これをあなたの所に置きわすれた殿方はだれかしらとからかわれた女房が、平忠盛の名を読み込んで切り返した場面であるが、しかし「〖ただ｜もり〗きたる‖月」と語境界をまたいで隠し題の条件を充たしているとも、「忠盛｜きたる」と掛けたとも両様に取れる。句境界（きたる‖月）で意味の結束性がわずかに緩むからであろう。

　つぎの別離の歌には地名（「おも〖ひ｜たち〗・ぬる」）と人名（「〖きみ｜と・

し』」）がともに詠み入れられている。

　　常陸へまかりける時に藤原のきみとしに、詠みてつかはしける

（籠_{或本無此名}）

あさなけに見べききみとし頼まねば 思ひ立ちぬる草枕なり（『古今集』376）
（朝に昼にあなたに逢えるとも思わないので、決心して旅に発ちます）

　作者名が隠された歌として小林（2004: 131）はつぎの古歌をあげている。こ
れはごくごく珍しい例で、ほかの例を知らない。

惟宗 具範は儒教の五経博士である百済人の段楊爾を次のように詠みまし
た。

五部の書読む人は段楊爾これをむねとぞ共に則る　（『日本紀竟宴和歌』19）
（五経を読む人は段楊爾を主として共に手本とする。）

　ここには作者の名が「コレをムネとぞトモにノリとる」と入れてあります。
八音節は長いので切れぎれであっても認められたのでしょうか。

　古の五経博士を顕彰したと思われるこの名入れはイポグラムを思わせるけ
れど、しかし隠し題として「認められた」ものではあるまい。また4箇の切片
が固有名をなぞるだけで、したがって掛けことばの形はしているものの掛け
ことばになりきっている訳でもない。要するに2字ずつの「切れぎれ」の音列
が句頭と句中に置かれている――もっと正確にいえば各文節の冒頭に置かれ
ている――点でたしかに異例である。これは隠し題というより2字単位の折
り句で、おそらく「かきつばた」と同類であると考えるほかはなかろう。
　折り句（＝4）とは、いうまでもなく語句を一字ずつに分解して、それぞれ
の文字を所定の場所に据える趣向のことをいう。物の名の精華と見なされた
のか、『古今集』、物の名の部の最後にはつぎの一首が掲げられている。

「は」を初め、「る」を果てにて、「眺め」を掛けて、時の歌よめと人の言ひけ
れば、よみける　僧正　聖宝
花のなか目に飽くやとて分け行けば 心ぞともに散りぬべらなる
（『古今集』468）
（見飽きるかと花のなかに分け入ると、もう心すら花と散ってしまいそう
だ）

　この歌は「春」を織り込み、「眺め（「〖なか｜め〗」）」を隠し、しかもほかの物名
歌とは違って、鮮やかに花盛りの情景を詠みおおせている。主題と技法とに
破綻がないことから、ひとつの理想を実現していると思われるが、他方でこ
れは、31文字の「初め」と「果て」に〈は〉と〈る〉の2文字「春」を置いて、折り
句の原型を示しているともいえる。
　一般にはしかし、折り句は「かきつばた」式に、①各句頭に順に1文字ずつ
配置するのが基本で、和歌ならふつう「五文字を句のかしらに置き」（紀貫之）、
俳句なら、やはり句のかしらに3文字を織り込む。
　この制約を克服する工夫もなされ、各句に2文字を入れる方式が編み出さ
れ、さらにそのバリエーションも生まれた。この二重の折り句、いわゆる「沓
冠」（くつかぶり）では各句の冒頭と末尾に文字が置かれるが、その置き方に
は、いわば直列式に、②各句の初めと終わりに2文字ずつ順に織り込む、③
まずふつうの詠み方をして各句頭に5文字を置いたのち、こんどは末の句の
句末から折り返す運耕式との二つがある。それぞれの例歌をあげる。

　　はなをたづねてみばや　源　俊頼
はかなしな小野の小山田つくりかね手をだにも君果ては触れずや
（『散木奇歌集』1532）
（悲しいかな、小野の小山田を作れず結局あなたは手さえ触れないのか）

　意味のつながりにいくぶん無理が生じているが、俳諧にはもうすこし通り
の良いものがある。「鈴菜かも 持つ振り売りの 初若菜 長好」（『毛吹草』）。「鈴
菜」はカブのこと、仕掛けは簡単なのでわざわざ答えを挙げるまでもあるま

い。

　沓冠の有名なものとしては吉田兼好と頓阿とのほほえましい遣り取りがある（『続草庵集』4）。兼好法師が「よねたまへ・ぜにもほし」ということを沓冠に置いて、「夜もすずし寝覚めの仮庵たまくらも真袖も秋にへだてなき風」という歌に託して無心したのに対し、頓阿が「よねはなし、ぜにすこし」とやはり運耕式の二重折り句で応じた歌である。

　　夜も憂し

　　ねたくわがせこ

　　はては来ず

　　なほざりにだに

　　しばし問ひませ（頓阿）

　　（夜長が退屈なのに友はとうとう来なかった。ほんのちょっとでもお訪ねください）

　まず句頭に降り順に5文字を置き、元に戻ってふたたび句末に文字を配ってゆく方式は和歌にはないようである。行中への文字入れに似たケースとしては、さきに触れた具範の作がある。しかし、西洋の詩で隔字あるいは隔行の文字入れ、袈裟懸け、一字ずらしなど、十種を越える形式が工夫されたのに較べれば和歌の折り句にはバリエーションがごく乏しい。西洋の詩では行内休止（caesura）を設けて1行を分割する形式があるので、それだけで「始めと果て」の利用法は倍加するが、そのほかにも、おそらく日本語における音節文字や続け書き、歌全体の字かずの少なさなどが限定的に作用したのであろうと思われる（cf. Fowler 2007）。

　これが和歌というジャンルのなかで成立した、言葉を隠す技法の種別と成立要件のあらましである。ソシュールのいうアナグラム法を理解するよすがとして、もし「物の名」という和歌の技法から学ぶことがあるとすれば、その第一は、①物の名は主にメッセージのなかにコードを潜ませる種々の技として発想されている、という事実である。その点で唯一の例外といえるのは兼好・頓阿のやりとりで、シンタクスを与えてメッセージを発信する余地も残

されていない訳ではない。第二点としては、②物の名は、もっぱら文字表記にかかわり、字面の一致が基本条件をなしていたらしいことで、「こをばいかに」～〈紅梅〉のように声にしたとき「掛かる」ケースは、たぶん特例として目こぼしされていたのではないかと考えられる。

　いうまでもなく表記法は言語意識を大きく左右する。音節文字を主たる用字とする和歌では、かなのレベルでことばが分析され、アルファベットを使用する言語ではアルファベットで分析される。日本語を使用する者にとって「てぶくろ」の逆さ読みは「ろくぶて」であって "orukubet" には決してならない。「赤坂」や「いろどり」という語はアルファベットで表記すればきれいな逆さことばになるが、「しんぶんし」とは違って、かな文字表記ではふつうそこに気がつかない。また日本語で清濁の違いが意味を弁別するにもかかわらず、それを無視して、「見る綾」としてこの技巧が成立したことが何よりの証拠である。

　第三点は、隠すといっても発見されることを予想して隠すのであり、③そこに決まった復号方式がないかぎり詩の技巧としては徒労に終わる、ということである。たとえば折り句のばあい、分解された文字の置かれる場所は句の「始め」か「果て」という決まったルールがあり、そこに眼をくばる習慣が確立されて初めて技巧として成立しうる。物名歌では不文律として該当箇所をかな表記にする、ということも行なわれていたが、字なぞにはこのように何かの標識、目印が必要とされることに留意しておくべきかも知れない。

§2.2　「二連音＋x」──イポグラム仮説

　ソシュールが古典詩の背後に音素レベルの暗号が潜むらしいことに勘づき、これによって新たな問題領域が予告され、同時に、テクストに密かに組み込まれた発信装置を解明しようとする各種のこころみが勢いを得ることになった。

　しかし最初の章で述べたように、アナグラムにまつわるソシュールの研究は少なくとも三つの段階を経つつ進展したと推測されるので、手稿の記述をもとに、どの段階でかれがアナグラムの感触を得、どのような言語事実にそ

れを見いだしていたのかを見極めることが先決である。もしこの特異性が詩的技法の痕跡であるならば、それは意図的な工夫の痕をとどめたものでなくてはならず、その点で数十行、あるいはテクスト全面にわたる音声の分布、単なる音声の集中、音韻素性の偏りその他は、そこに顕著なパタンが見られないかぎり詩的言語の一般的な特徴であり、従ってアナグラムの候補からは除外される。

　すでに実例をいくつか見たように、綴り変えや折り込みなど、暗号に似た手法が実際に行なわれていたとしても、それの見過ごしはかならず起こる。また逆に、存在しないものを読み取る可能性もありうる。それゆえ、この、意図して作り出されたものかそれとも単なる偶然の所産か、という疑問は、「読み」に関わる一般的なジレンマの典型である。

　なるほどいろは歌に「咎なくて死す」という暗号を発見したり、小説家アントニー・バージェス (Anthony Burgess 1917–1993) のようにシェイクスピアの「ソネット」147 番にムスリムの女性名 FTMH (＝ファティーマ) を読み取ってこれを文字通りダークレイディーに見立てたりするなど、この種の「うがち」には意外な発見のもたらす面白さがある。面白いけれども、大きくいえばやはり誤読である。メタファーや皮肉、あるいは掛けことばなどに齟齬や不通が多発するのと同じように、字なぞにも当然それはありうる。

　意図的な工夫であることを的確に読み取ってもらうために、西洋の詩ではかなり慎重な布石を打ったようである。たとえばポー (E.A. Poe 1809–1849) には “Elizabeth” と題された二篇のアクロスティック詩があるので、そのひとつを例に取りあげてみる[1]。これは折り句のアルファベット版といってよいが、たとえば「かきつばた」などと違って詩の主題そのものが読み込まれており、明らかに「強調」がこの技法の主目的で、力量の誇示は従である。

1　ちなみに、アクロスティックの akro- とはギリシア語で〈端、突端〉を意味する。歌論でいう「沓冠」原則と同じく、語頭や語末、詩のばあいには行頭や行末がこれに当たり、これは言語単位を画定したり詩律を刻んだりするうえで特権的な位置である。

Elizabeth — it surely is most fit

(**L**ogic and common usage so commanding)

In thy own book that *first* thy name be writ,

Zeno and other sages notwithstanding;

And *I* have other reasons for so doing

……

エリザベス、あなたのことを書いた本には

（理屈からも常識からも）

その名を最初に記すのがふさわしい

ゼノンや賢者たちには失礼ながら。

それにこの私にはそうする別の理由もあるのだ[…]

　この詩ではまず出だしに人名 "Elizabeth" が置かれ、読み進むと、こんどはその頭文字から縦に行の始めの文字を 1 字ずつ拾って ELIZABETH と読める仕組みになっている。ここには挙げないが同じ題名のもう一篇もやはりこれと同様のパタンである。行末は脚韻の定位置なので、この種の技巧を盛りこむべき適所は行頭であるが、その条件を最もよく充たすうえ、とくに目立つ「左肩 angulus extremus」で文字列を縦と横に交差させ、これによって織り込みの目印としていることが分かる。

　まさしくこれに類する装置として、ソシュールは、字なぞの在りかを合図するためにまずひな型らしいものが置かれていることを発見した。「マヌカン」(mannequin) とかれが呼んだこの標識には数種あって、理想的な形は、始めと終わりがテーマ語と一致する音列からなるタイプであった。たとえばルクレティウスの『物の本性について』を分析した記録を見ると、かれは、この詩がビーナスへの呼び掛けから始まるので、きっとそのギリシア名「アプロディテー」[2]が織り込まれているに違いないと推定する。そして

2　ギリシア神話の神々とその性格づけはローマ神話のモデルとされたので、双方の神名には対応関係がなりたつ。アプロディテー (Ἀφροδίτη) ＝ウェヌス (Venus ビーナス)、ヘルメス (Ἑρμῆς) ＝メルクリウス (Mercurius マーキュリー) など。

この固有名のひな型となりうる［A…E］という前後2音の配置を抽出条件として、［AmiabilE］〈愛すべき〉や［AdventumqvE］〈到来〉、その他の語句を取り上げ、これを起点に、アプロディーテーの構成音をたとえばĂ-、AP-、-RO-、-OD-、-DĪ-、-IT-のように、二音単位で織り込みの有無を調べてゆく（Starobinski 1971: 82ff.）。

　通例、アナグラムの本体らしいものはこのひな型の最初の音から始まって、いわゆるテーマ語、うえの例ではラテン語化された呼び名APRODITE（ないしAFRODITE）の構成音を順に点綴しながら続き、最後はその末尾音 -(T)Ē で終わっている形跡がみえる。あるいは、観察される事実を出来るだけ忠実に記述するとすれば、古典詩には一行ないし数行にわたり頭韻（および脚韻）によって、限られた数の音声群が集中して特定の語を模倣しているように見える箇所があり、その始発部分には決まってマヌカンが置かれている形跡がある——このことをソシュールは直感したのである。

　さらに進んで、かれはひな型と近接する、第三の、より大きなまとまりがあることを見いだし、これを主座（locus princeps）と名付けている。構成法こそいまだはっきりしないものの、この部分は紛れもなく意図的に組み立てられており、その完全型は音節表記とひな型との組み合わされたもの、「つまり、明らかに冒頭と末尾の文字で区切られた範囲内に、完全な音節表記を包み込むひな型である。よってわれわれはこの音節表記とひな型との合体したものに特別の名称を与えたく、パラモルフ（paramorph、並行形態）と呼ぶことにしたい」（Op. cit., 51）。定義項と被定義項が循環し、音声と文字との区別がぼやけていてきわめて分かりづらいが、首座とは、テーマ語が二連音単位でさまざまな介入音を伴ないつつ一定範囲に分布するパタンを指しており、ソシュールの挙げた例では、たとえばCLITOS+HERAC〈ヘラクレイトス〉のような順序の入れ換えもありうる——ひとまずこう理解できそうである。

　古典詩に、ひな型なるものと、アナグラム、そしてそれをなぞるかのようにこの主座との三者が存在すること、そしてこれらが意図的に仕組まれていることをソシュールは確信しており、「この点については疑問の余地が全くない」（Ibid.）と言い切っている。この確信が、広範な事例の探索に掛けたかれの只ならぬ情熱のみなもととなったのである。

　しかし当の三要素に人為の痕がはっきり見えるとしても、アナグラム全体がどんな方式に則って組み立てられているのか、そもそも何世紀にもわたり多くの詩人や文章家がこれを実践しながら、誰ひとり、どこにもこの技法に関する言説を残さなかったのはなぜなのか。ソシュールの推測したとおり、祭祀や神託に関係していたためにかつては口にすることがタブー視されていたにせよ、のちには世俗詩や書簡にまで広まったはずの技法である。なぜこの沈黙なのか——この点が最後の、事実の観察だけでは乗り越えられない関門になった。内部証拠は充分あるのに裏付けとなる外的証拠がいっさい見当たらないという、これは打開しようのない行き詰まりであった。

　この疑念に輪を掛けたのが次のような発見である。

　ギリシア語からラテン語に訳され、1813 年にイートン校の教科書用に出版された碑文集を開いたとき、ソシュールの驚きは大きかったに違いない。訳者はトマス・ジョンソンといい、この翻訳書はイポグラムに溢れていたのである。　　　　　　　　　　　　　　　　　　　　　　(Starobinski 1971: 146)

　この副読本の初版はおそらく 1690 年代、つまり、わずか 200 年そこらの昔までアナグラム法に精通し、翻訳でこれを多用した人物が実在したらしいのである。

　しかし、もしこの人物の経歴を知ろうとして、ジュネーヴ大学の蔵書中にあったとされる『英国人名辞典』(*Dictionary of National Biography*, 1885) に当たったとしてもソシュールはひどく失望したに違いない。トマス・ジョンソンという名の古典学者は盛時が 1718 年とあるだけで、正確な生没年も分からず、学歴と不幸な結婚、多少の職歴、それに、これは決して少ないとはいえないが、ソポクレス研究、ギリシア詩の翻訳、文法書などの著作が記載されているだけで、後半生は自堕落な生活が祟って乞食として死んだ、という冷淡な記述で終わっている。ジョンソンの経歴や業績を知ろうとしてイートン校の校長に宛てたソシュールの書簡(1908 年 10 月 1 日付け)の下書きが遺されているけれども、スタロバンスキは、果たしてこれが清書され投函されたかどうか定かでない、としている(*Op. cit.*, 148)。

40

　最後の頼みの綱は、イタリア語とラテン語を駆使した、まだ現存のイタリア詩人ジョヴァンニ・パスコリ（Giovanni Pascoli 1855–1912）であった。かれに宛ててソシュールは二度問い合わせの書簡を送っており、この2通はカステルベッキオのパスコリ記念館で発見され、それぞれの内容が明らかにされている（Nava 1968; Starobinski 1971: 149–150）。そこからは、「この技術的な細工が単なる偶然なのか、あるいはそれを意図して自覚的に作り出したものか」ぜひとも知りたい、というソシュールの切実な願いが読みとれる。実例を多く集めただけでは「裏に意図あってのことかどうか分からないし、候補例の数が増えれば増えたで、アルファベット24文字のもたらす偶然の、自然な作用」[3]だと考える余地が生じる。

　パスコリ宛の2通目の手紙は返書への謝辞から始まっており、最初の手紙に返事があったことは確かであるが、こちらは発見されていない。しかし2通目の内容からは、これがしたためられた1909年5月の段階でもまだ、アナグラム法が意図的とも偶然とも確たる証言に接していないことが分かる。ソシュールはパスコリその人の詩から実例を挙げながら、音の連続が偶然に生じたものかどうかを繰りかえし尋ねている。一例を挙げると、たとえば、ファレルニア・ワインに触れた一節（Hic ubi/facundi calices hausere Falerni/alterni…〈ファレルヌムの杯を飲み干しながら能弁になっていたとき、かれらは互に…〉）に、その語をなぞるかのような音列が並ぶのは意図的か偶然か、と問う。

　　　…/**fa**cundi c**al**ices haus**er**e Falerni/**alterni**…

　　　　FA　　　AL　　　ER　　　　AL.ER NI

　この例は、二連音だけが抽出され、しかもテーマ語を綴り字の順になぞっている、という点でイポグラムの定義に最も忠実なケースであるといえ、最

3　ここでは「音素」でなく、はっきり「文字」ということばが使われている。しかしこれは自説の通用しない仮想状況についての発言であり、門外漢への私信でもあるので「アナグラム音素説」のたちばが破綻した証拠と見るには当たるまい。

初の FA から始めて、二連音を順次つなげてゆけばたしかにテーマと同形の
FALERNI（FALERNUM の属格）のなぞりが出来あがる。

　しかしこの箇所をもってかれは二連音への断片化とその布置が意識的かど
うかを知ろうとしただけなのか、それともアナグラムの作成法を確かめた
かったのか、はっきり焦点の定まった質問内容とはなっていない。たとえ詩
人から、これが意識的な手法によって作られた、という確答が得られたとし
ても、それは語の分解と布置による「いまだ知られざる作詩法」にかかわるだ
けで、それなりに貴重な証言には違いないが、ソシュールのいうアナグラム
法の存在を証すことにはならない。それゆえ、もしアナグラム法が実践され
ているかどうかを知りたいのであれば、ソシュールの確信するようにそれが
ひな型や主座の複合体として組み立ていることを具体的に説明し、その構造
がどのように実現されているかを質すべきであろう。要するに、①この範囲
に生起しているものの性格を相手に明確に伝えたうえでその創作過程を問う
形にはなっていないのである。

　しかも、このような実例を前にして当初の設定条件も次第になし崩しにさ
れてゆく。ヴンダーリ（Wunderli 2004）が指摘しているように、②「ひとつの
音素が二つの異なる二連音の一部となりえ、従って 2 度現われることがあり
（FA-AL>FAL）、他方、③二連音の反復も許容され、同一のテクストに数回現
れる（AL-ER が 2 回）」のである。これでは、発見の内容と質問の核心が先方
に伝わったかどうか甚だ心許ない。総じて、真剣に対応すべき問い合わせと
いう印象を与えなかったのではあるまいか。

　結果として、実作者からはっきりした証言を得る、というもくろみはいず
れも徒労におわり、結局、パスコリに書き送った 2 通目の質問状に返事がな
かった段階で探究を中断した、というのが大方の解釈である。

　もういちど確認しておくと、ソシュールの予想を構成する項目は概略つぎ
の六つである。

「イポグラム仮説」

　1）　古典詩やヴェダ詩では“アナグラム法”が行われていた形跡がある。

2) アナグラム法は、主題となる語を二連音に分解し、これら二連音を反復あるいは布置してテクストに織り込む技法で、そこには定められた方式があると考えられる。

3) 織り込まれるテーマ語 (mot-thème) はテクスト内もしくはテクスト外の、主として固有名詞 (神名、詩人名、パトロン名など) である。

4) テクストにおけるアナグラムの存在と場所は定型のひな型によって合図される。

5) このひな型はテーマ語とさまざまな程度に相似型をなしており、始めと終わりがテーマ語の語頭および語尾の音声と共通する語句からなる。

6) アナグラム法は、ひな型、アナグラム本体、それに音節表記とひな型との組み合わせによって作成された主座、の3要素から成り立つ。

おもに固有名が織り込まれる理由として、ソシュールはこの技法がもともと祭式や儀礼に発していると推定し、その起源を、たとえば神託や墓碑銘など、ふつう無署名の韻文に主神や作者などの名前をそれとなく記すしきたりに求めようとした。

　これがソシュールのアナグラム説の骨子である。だれの目にも明らかなように、この説の理論的な前提は「二連音」という概念にある。そのためスタロバンスキは、二連音にもとづいて構成されるイポグラムがその核心であると見て、この説全体を「イポグラム仮説」という名で呼んでいる。

　しかし、そもそもなぜ Hercolei、Vergilius などの名前を er-rc-co-ol、ve-er-rg-gi-il-li のように二音つづきの断片に分解するのであろうか。この方式のことは、詩人が固有名を詩文に読み入れるさいの手順を説明する箇所で持ち出されるので、理論用語というより具体的な観察事実を述べているかのような印象がある。

　しかし事実は全く別である。ある言語表現と並行して、それの時間とは別の時間的秩序にしたがう第二の記号がもし存在するとすれば、その記号はいかにして成立しうるか──そのメカニズムを説明する目的でソシュールは二連音という仮説を提起しているのである。逆に受け手の視点からいえば、こ

とばの音連鎖のなかに、それが伝える内容と並行して特定の固有名をもし聴き分けられるのであれば、それはどんな理由によるのか――二連音という概念はこの疑問に対する答えとして提起されているということになる。

　ソシュールはこの問題を、音声の「連続性／不連続性」(consécutivité/nonconsécutivité) という角度から捉えようとした (Starobinski 1971: 47ff.)。線形をなして連なる音連鎖のなかにもし有意味な、二次的存在を聴き分けることが出来るとすれば、それはどのような場合であろうか――飛びとびの単音がいくつかまとまって有意味な語として耳にのこるという解答は論外である。あるいは、英語を例にとって説明するとたとえば scrolls [skroulz] のなかに rose [rouz] という別語を聴きとるような跳び越えの可能性もすぐさま棄てられる。それ以上の立ち入った考察は記録されていないが、言語記号の線的性質（あるいは時間的秩序）、かれがアナグラムと修辞的な綾が混同されることを注意深く避けたというスタロバンスキの観察、その他を勘案すると、おそらく、単音どうしの不連続や順序移動がまず候補から除かれ（ただし具体的な分析例には明らかにかき混ぜが残存している）、他方で、たとえば prose [prouz] における [rouz] のような包摂も、いわば時間的秩序に寄生するもの、語呂合わせや掛けことばなどの修辞的な技巧の原型をなすものとして除外されたのであろう――このような模索の結果として持ち出されたのが「二連音」という仮説である。

　すなわち、たとえば Vergilius という人名がテーマであれば、ve、er、rg、gi など、少なくとも二音ごとの断片が表現に埋め込まれていれば、たとえそれらが不連続でも、ことばの時間的秩序のそとに聴覚的な残像が形成されるはずだとソシュールは想定しているのである。この二連音は語境界をまたいでいても構わず、また、その布置には〔＋正順〕という条件も前提されているはずであるが、取り上げられた例には逆順やかき混ぜも含まれており、この点について明確な基準が設けられていたようには見えない。

　二連音は最小かつ最も単純な単位なので、これに単音の加わった三連音が最小の複合単位である。予想されうる三連音は結局すべて、土台となる二連音への接ぎ足し（二連音＋x）のパタンとして類型化されることになる。

　ここから分かるように、二連音という概念は、アナグラムを音声現象とし

て聴覚的な角度から捉えようとするソシュールの判断と根本的に結びついており、他方では、さらに強固な、この問題を文字(書記)に絡ませることを峻拒する、という姿勢とも切り離すことが出来ない。それゆえ、書記一般、および従来「アナグラム」と結びつけられてきた、綴り字の二次的な編成(たとえば、eros, prospect、あるいは person における <rose>)は原則的に考察の対象から除外されることになる。

　アナグラムを音声という角度から捉えようとする視点は、かれが文字学の用語を多用し、さまざまの理論的な矛盾を来し、さらに実際の分析にさいして自縄自縛に陥ったにも関わらずあくまで固執した立場であり、かれにとっては、音声(聴覚)か字面(視覚)か、という二者択一は存在せず、この立場を崩すことは理論そのものの放棄を意味した。そして、アナグラムを聴覚的な言語事実として扱うかぎり、その単位に当たるものとして音素という概念を棄てるわけに行かなかったのは理の当然である。しかしあとで見るように、単独音の分布と文字の扱いとをめぐる不徹底は終始ソシュールの議論における弱点として残ることになる。

　アナグラムの輪郭がはっきりし、これに取り組むための理論的装備もすでに整った。とはいえ、この段階ではまだ、アナグラム本体の構造がつかめておらず、アナグラム法が作詩法なのか、それとも、かれ自身は否定しているにも関らず、単に手の込んだ彩りの一種なのかは明確になっていない。原初的な作詩法を究明するという目的で、韻律の側からサトゥルヌス詩体に近づいたせいで、かれには反復や語呂あわせなどの詩的技巧とアナグラム法とを区別する基準の持ち合わせがなく、まえに掲げた〔図表 1〕に照らしていえば、イポグラム(a)からパラグラム(c)に至る各種の反復のどのレベルで、あるいはどのような組み合わせによってアナグラム法が成立しているのか、そこでは明確な方式が定められていたのかそれとも恣意的な制限の痕跡に過ぎないのか、具体的な手がかりはほとんど皆無であった。

　しかし、観察事実がけっして幻影ではないことを確信し、独自の理論を構築していながら、なんら外的な証拠がないという理由で追求を放棄したという旧来の説明はなかなか受け入れにくい。追求の放棄は、理論の不備を自覚することからふつう起こるのであり、これまで縷々述べてきたように、アナ

グラムの性格および構造についてメタテクストの非在以上に大きな疑問を少なからず残しているからである。

§2.3　編者スタロバンスキの本音

　スタロバンスキの論集『言葉の下のことば』(1971)はソシュールの手稿を判読し、内容を系統立て、要所々々の抜粋をつなぎながらかれ自身の思索を書きつづる、という詳しい注解のかたちで執筆されている。けれども、スタロバンスキ自身がこの研究にうち込んだ動機や目的はまったく語られておらず、またアナグラム法の存否を結局どう判断したかも明言されていない。仕分けられ分類番号が振られただけの、全くの新出資料を分析しこれに解釈をほどこすのであるから、公正中立を期したことは想像できるし、それがきわめて困難な仕事であったことも、8年という、執筆に要した長い時間から推測できる。しかし、かれ自身の本音はいったいどうだったのであろうか。

　冒頭で述べたように、アナグラム・ノートというのは1958年、ソシュールの二人の子息がジュネーヴ図書館に寄贈したソシュールの遺稿である。1960年、それを高名なソシュール研究家ロベール・ゴデルが整理し詳細な分類目録を作成した (Godel 1960)。その前書きでかれは、ソシュールがゲルマン神話に関する考察と時を同じくして「奇妙な研究」(recherches singulières)に没頭していたことに触れ、その研究を説明してこう書く。

　　ソシュールは古典詩における音や音節の反復と照応には分解されたテーマ語——たいてい固有名——が織り込まれていたり、あるいは透かしのように字面の下に隠されていたりすると確信しており、このことを立証し、厳密な解読法を手に入れるために多くの詩文を渉猟し分析した。

　これにつづけて、新出資料の大部分はこの「長年の不毛な探索」(cette longue et stérile enquête)に関わる、と書き添えたところにかれの困惑ぶりを窺うことができる。

　この資料の寄贈があった年の前年、ゴデルは、ソシュールの手稿や学生た

ちの筆記録をもとに、全3回にわたる一般言語学講義の内容を再構し考察した記念碑的な労作を仕上げている (Godel 1957)。それゆえ本来なら、かれ自身がソシュールの秘められた研究の最初の紹介者になってもおかしくないところである。しかしそうしなかったのは、『講義』によって知られる透徹した理論家ソシュールが、長年に亘って怪しげな手仕事に熱中し、字なぞの存在が事実か幻想かに苦慮し、結局はすべてを闇に葬り去るという醜態を見せたことが、おそらくかれには承服しがたかったのである。

　ソシュールのアナグラム関係資料が解禁されたのは 1964 年で、この年スタロバンスキの最初の論文と、バンヴェニストの編集による、ソシュールの「アントワーヌ・メイエ宛書簡集」が発表されている。この書簡集は、ソシュールの弟子にして友人のアントワーヌ・メイエ (1866–1936) の没後、未亡人から託された書簡つづりをバンヴェニストが年代順に編み、そのまま活字に起こしたものである。しかし解禁とはいうもの、当初それは何かすっきりしない雰囲気に包まれていた。

　寄贈された書簡の束には、どういう訳かメイエに対してアナグラム説の真偽の判定を依頼したはずの最初の一通が欠落しており、編者バンヴェニストはこの不可解な事実について前書きで釈明をしなければならなかった。(1906 年 11 月 12 日付けのこの手紙が発見されたのは、やっと 1970 年になってからのことである。内容についてはあとで触れる。)同じ箇所で、かれもやはりソシュールの「奇妙な関心事」に言及し、「これを表沙汰にすることは当人の意向でなかったので多年公表を控えてきた」と書いている (Benveniste 1964)。このような背景も、おそらくゴデルのためらいの一因をなしていたと考えるべきであろう。

　スタロバンスキのそもそもの動機は何であったのか──

　かれはちょうどこの年 1964 年にジュネーヴ大学に着任しており、かれの興味をひいたのは、まずはこうした「近代言語学の祖」ソシュールにまつわる不都合な事実、いわば身内の恥であり、また同時に、ソシュールの遺稿すべてを自由に参看できる立場に恵まれた、ということであったかと思われる。

　著書の冒頭で、スタロバンスキはまず手短かにソシュールの神話研究に触れる。かれにこれがあったことは 1957 年のゴデルの著書ですでに知られて

いたが、神話の構成原理と絡めてディスクール(discours)という耳新しい、そして理論的に見ても注目すべき概念が紹介されている[4]。ラングが単に個々の孤立した概念を予め認定するだけであるのに対して、ディスクールは、言語形式を与えられた概念と概念との関連を言い表わすプロセスで、このプロセスを経て始めてラングは意味ある思考となる、と説明されている (Starobinski 1971: 14)。ソシュール学説の伝統的な解釈に照らしていえば、言語の特徴をなす二面性として、「音声と意味」、「個人と社会」、「ラングとパロル」、「通時態と共時態」などのほかに、さらに「ラングとディスクール」という二項対立を付け加えねばならないことになる (cf. Benveniste 1966: 40)。

　しかしこの食い違いの原因はむしろ流布本の『講義』(1916)にあり、実際の講義では「ディスクール」がパロルとほぼ同じ意味で多用されていたらしい。のちに確認されたところでは、聴講生たちのノートから講義を再構成するさい、編集者のバイイとセシェエがその痕跡を逐一消し去り、ごくわずかな使用例を残すだけとなって術語としての地位を喪失した (Bouquet 2004)。それゆえこの概念がアナグラム・ノートにおいて始めて登場したわけではなく、事実は逆に、バイイたちによる独善的な編集を免れた用例だけが学生の筆録やアナグラム・ノート、その後の新出資料などに原形をとどめているのである。

　削除の理由はいまの問題に直接関係しないので詳しくは述べないけれども、ラングとパロルという二分法をもとに言語研究を構想し、対象としてラング研究には既成概念の蓄えを、パロル研究には概念と概念との意味ある結合を対応させようとすると、語の扱いはラングの言語学に、統語法の扱いはパロルの言語学に帰属することになり、直感的に見て不都合な結論に導かれる。ソシュール自身は一語でパロルをなすケース、語の結合からなる既成概念をどう処理すべきか思慮していたもようであるが、二人の編集者は乱暴に

4　スタロバンスキは神話研究とアナグラム研究とのあいだに著しい類似性が見られることを指摘しているものの、両者を同じ問題意識から出ているとは考えていない (Starobinski 1971: 9)。これに対して丸山 (1981: 167–171) は、「新しい意味の生産」という視点からこの二つを統一的に解釈し、『一般言語学講義』のソシュールと、アナグラム研究のソシュールを一貫した思想のもとで捉えようとしており、こちらの解釈が正しいと思われる。

も「ディスクール」という術語を削除し、こうしてパロルの言語学を葬り去ることによって捻れのもとを絶ったのである（*Op. cit.*）。

スタロバンスキは次いで、音の反復、字なぞの諸相、事例の探索範囲、考えられる起源その他、について、数年にわたって資料の分析と考察を進め、これらを扱った6編の論文をそれぞれ章立てする形で一書に仕立てた。それが、いま見る『言葉の下のことば』(1971)である。概して著者は解説に徹しているといえるが、しかし例外的に、創作論の立場から見たアナグラム説の大きな可能性については、再三にわたって想像の翼をひろげており、かれが明らかにここに強く惹かれた形跡がある。

もういちど振り返ってみると、ソシュールの予想の大前提は、テーマをなす語を二連音に分解したうえで、これらの音連続をできるだけ多く詩行に織りこむ、というものであった。ただ、この二連音がさらに単音に分解されないかどうかについては理論と応用とに食い違いがあり、他方、音連続の分布する範囲についてもある箇所では6行から8行と書き、別の箇所では1行から50行と書いており、はっきりした目安がない（*Op. cit.*, 124, 129）。たとえばソネット形式が全体で14行からなる詩形であることを考えれば、50行というのはほとんど無規定も同然の説明で、アナグラムのことでなく、詩的言語の一般的な特質そのものについて語っていると言っても良いほどである。その遠因は、ソシュールが詩における音声の諸側面、音の分布と音の反復、それにアナグラム法という三者を明確に区別できておらず、他方、スタロバンスキもこれらを一連の問題として扱ったことにあると思われる。

ともあれ、音の分布とアナグラム法なるものとの境界線を曖昧にしておくかぎりデータにさまざまの雑多な因子が混入する危険が大きく、また、アナグラム法の作用域について、それが一篇の詩全体におよぶ、という解釈を妨げるものは何もないことになる。

（パロルの事実たる）詩的メッセージはラングから借り受けた語を<u>使って</u>構成されるばかりでなく、与えられた語を<u>もとに</u>構成されるということになり、こうして詩的メッセージはイポグラムの無用な豪華版と化すのである。［……］それゆえある作品のことばは他の、先行することばの産物であり

──フェルディナン・ド・ソシュールの探求には終始この含みがある──
創造精神が直に選んだものではない、という結論に達する

（Starobinski 1971: 152）。

　べつの角度からいえば、アナグラム法を部分的な反復の綾ないし表現技巧
ではなくて、全般的な作詩法と受け取っても何ら支障がないことになる。
　たしかにこれは魅力ある解釈で、この立場がスタロバンスキの、そしてさ
らに当時の文学理論家たちの関心を捉えたのも無理からぬことであった。か
れは、ソシュールがなぜこの主張を前面に押し出さなかったのかを訝り、ま
た、もうソシュールとは袂を分かって、イポグラムに詩的産出の「放射説」
（conception émanatiste）の象徴を見たくもなろうではないか、と書いている。
蛇足までに付け加えれば、イポグラムという用語、またかれのあげる証例（後
述）から見るかぎり、明らかにスタロバンスキも二連音をもとに発想してい
る。
　しかし他方で、この仮説が、詩歌とはすなわちテーマ語の焼き直しにすぎ
ず、詩精神からでなく既存の俗語や言い回しから所定の方式に従って作り出
されるもの、その語の潜勢を表に繰り広げただけのもの、と受け取られるこ
とをしきりに警戒している（*Op. cit.,* 62ff.）。それにも関わらず「放射」、「イポグ
ラム」、「前テクスト」、その他、アナグラム説に刺激をうけた産出理論は、一
時期、ソシュールを離れて勝手に拡散していった。しかし、そうとは言いな
がら、ブリコラージュと結びつけて「既成要素の再配置」（*Op. cit.,* 151f.）とい
う視点をはじめて示したのはスタロバンスキその人であり、かれの懸念はい
わば見せ消ちのように教唆的に作用し、思わぬ結果を生んだとも言える。実
際、一方では、ソシュールに従ってアナグラム法を作詩上の、押韻などと同
列の作詩規範と見なし、他方で「ことばの綾」と全く別物であると考えるかぎ
り（cf. *Op. cit.,* 32）、解釈はどうしても放射説に行き着かざるを得ないはずで
ある。
　スタロバンスキの出した最終結論は、アナグラム法──かれの用語では「イ
ポグラム仮説」──を古典語、とくにラテン語の詩文に限定し、その伝統に
おいてのみ、語音の変奏による詩法、すなわちアナグラム法の存在を認める、

というものであった。「それゆえイポグラム仮説には一定の限界がある。ことさら詩的創造の本質を規定しているなどと僭称するわけではないのである」(*Op. cit.,* 153)。

　編者として最も関心をもち、最も詳細に論じたこの理論的な分岐点をめぐって、さんざん揺れ動いたあげく適用域の限定という妥協案をかれが採った理由は、繰り返すまでもなく、アナグラム法の存在とその性格が依然として特定できていない点にある。最初の論文から単行本として刊行されるまでに 8 年という長い年月が経過しているが、手稿を解読し、ソシュールの考察を追尾し、問題意識や疑問を共有してゆくうちに、かれ自身もソシュールと同じ疑念に囚われたのであろうか。

　著書の後半にかけてはやや懐疑的な言辞が目につくようになる。「ソシュールは余りに堅く考えすぎたのではないか？」「アナグラムのうちに、人間のことばが繰り広げられるさいの、でたらめでも、また完全に意識的でもない一面を見てはなぜいけないのか？」。「なぜ［詩的］言語の通性、創造的な同語反復症 (palilalie) と見ることで満足できなかったのか」(*Op. cit.,* 122, 154) とかれは反問する。巻末近くには、「フェルディナン・ド・ソシュールの間違いは（もしそれが間違いなら）ひとつの教訓になるかも知れない。それは、たまたま気付いたことがらを詩人の従った一般法則だと受け取ってしまうことが、批評家にとってどれほど避け難いかを教えてくれる」(*Op. cit.,* 154) という一節がある。「もしそれが間違いなら」という但し書きがあるとはいえ、心底ソシュールの発見を肯定的に捉えているなら、「間違い」ということばで文章を書き起こすとはまず考えられない。中正な立場がつい崩れた瞬間ではないかと思われる。

§2.4　ツァラの相称アナグラム

　この消極性を理解するには、スタロバンスキによる、いまから見れば突飛な挿入文を思い合わせるべきかも知れない。詩を読むとき、われわれは、「この詩人は当初この詩にあるのと同じ文字群を使って別の詩を書くつもりだったのだ、などと考えたりはしない」、と書き、ついでかれは、「知るとおりト

リスタン・ツァラはヴィヨンがこの手の作詩法に従ったらしいと考えた」(*Op. cit.*, 28) と括弧つきで補足している。これは奇妙な言い方にきこえるが、「アナグラム」という用語を従来どおり〈綴り変え〉という意味に理解し、一詩全体を対象にとればこういう発想に行きつく。これはしかし単なる仮想ではなくて、かな 47 文字を一回ずつ使って歌を作る「いろはにほへと」や「とりなくゐす」などはその大掛かりな実践である[5]。

　トリスタン・ツァラ (Tristan Tzara 1927–2009) の「アナグラム説」が耳目を驚かせたのはスタロバンスキの当時からするとわずか数年まえ、1959 年のことで、その記憶がまだ消えやらぬなかでかれは別のアナグラム説と格闘していたのである。上の一文はかれの脳裏に、誇大に言い触らされながらツァラの死とともに忘れ去られた、ある憶説の影が去来していたことを証拠立てているように思える。

　ツァラの説というのは、中世、「相称アナグラム」(anagramme symétrique) と呼ぶべきものが存在しており、ヴィヨンやかれと同時代の詩人たちは、この暗号法を使って詩の背景や作者に関わりのある人物名を作中に忍び込ませている、という主張である[6]。

　ヴィヨンが暗号法を用いている、ということはかねて取りざたされていたようである。しかし多分にそれは、かれの詩の反語法、おぼめかし、隠喩などの醸し出す分かりづらさ、もどかしさを安易に片付けようとする憶説であったに違いない。ただしもっと具体的にも、たとえばヴィヨン全集の編注者リュシアン・フーレは、『遺言詩集』(*Le Testament*) 25 の、Qui est ramply sur les chantiers〈酒樽に腰をすえて飲める御仁〉という 1 行に詩人の親友、Ytiers Marchant の名前を読みとった (鈴木 1965: 62)。もしそう読めるとすれば、これは特定の音の集中というより人名の織りこみであり、音節や順序の並べ

5　ある文字体系の字母すべてを使って文を作る遊びはパングラム (pangram) と呼ばれる。いろは歌は、かな文字という文字種からいえばほぼ完全なパングラムであるが、日本語の音節が実際には 100 を超えるという点からいえばパングラムとして不完全である。

6　ちなみにヴィヨンにも自分の名前を各行の頭に織り込んだ「勧告のバラード」(最終聯) がある (鈴木 1965: 214)。出だしは Vivons となっており、ポーの "Elizabeth" ほど剥き出しではないものの、音声的にこれが Villon の前触れとして機能している形跡がある。

替えを含む点ではパラモルフと言えないこともない。

　いずれにせよツァラはこれにヒントを得て、いわゆる「相称アナグラム」の一般式を導き出した。それは次のように定式化されている。

　　■ 詩行のどこかの 1 字ないし 2 字を中心として綴り字を相称的に配置し、特定の語句を暗号化する方法

　さらに付則として、同じ文字の重複を無視して一字として扱う、S/Z、S/X、Y/I その他を同一視する、など、字母の扱いに関する十ほどのルールを設定したうえで、この修正案を用いてかれは同じ一節——ただしかれは、les chantiers〈ワイン樽を並べる台座〉を複数型でなく単数で表記しており字かずに違いが出る——をつぎのように解読した (Stults 1975)。なるほどこの行が su 2 字を中心として折り返されると考えれば、暗号を構成する 14 箇の字母が半分ずつ中心から等位置に立つことになり、それらを綾取り式に拾ってゆけば目的の名前 Ytiers Marchant にたどりつく。

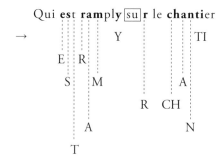

　しかしこのばあい中心点をどこに取るか、暗号を構成する文字をどこに置くか、そしてそれぞれの文字（群）をどの順序で拾うかはすべて任意で、不連続な取り字を前提にしているので、解が複数個生じる可能性が原則的に排除されていない。それゆえ、うえの行のばあいにも YTIERS MARCHANT を読み取る方法はツァラの定義に抵触することなく二通りなりたつ (Bernard 1992)。

(a)　Qui EST RAMpl Y suR le CHANTIer

(b)　QuI eST RAMpl Y suR le CHANTiEr

　類例をもうひとつ挙げると、かれは Si bien chantans, si bien parlans（歌は上手で、話も巧み、『遺言詩集』29）を取りあげて、これを Si bIEn CHanTa ⃞ns ,　sI biEN pARlans と読み解き、そこにヴィヨンの愛人 Catherine の名が伏せられていると推断している。しかしこのように字かずが奇数の人名では、たとえばこの例、CATHERI<I>NE のように必然的に字余りが生じる。これを無視して Catherine と読み解くことと、たとえば Anna を ANA と奇数個の文字で暗号化することは同じでないので、復号のさいに端数を処理する補則がまたしても必要になるはずである。また字母 <e> の取り順として二通りが可能で、したがって前の例 YTIERS MARCHANT と同じように、複数の解も防げない。これは、かれの仮説の包括性というより、脆弱性の証拠であると考えるべき点であろう。

　総じて「相称アナグラム」説はかなり強引な主張であり、各所につじつま合わせの形跡が見える。中世の詩人たちがこのような暗号法を自由に駆使しえたというより、これは読み手の側から発想して、テクストのうわべに既知の人名を探し当てるプロセスを無理やり一般化したもののように見える。この説に対しては発表後間もなくから、文字の出現する確率を論拠に批判が加えられたようである (Testenoire 2008)。言うまでもなく、相称性という大前提を取り払ってしまえば、これはかき混ぜパラグラムと変わるところがなくなる（[−二連音]、[−正順]、[＋集中]）。

　ともあれ、この仮説によってツァラはヴィヨンの作品に作者そのひとの名前だけでなく、友人や喧嘩相手、かれの愛した女性、パトロンの名前など、延べ 1,600 個ものアナグラムを検出したとされる。文脈だけを手がかりにして、詩のタイトルや本文、伝記などを通じて知られている人名を探るという作業なので、これは驚くほど厖大なかずである（ただしコンピューター・プログラムを使用するとこれに倍するアナグラムが発見されるという。そのさい、検出される名前の関与性をいかに判定し、母集団をどの範囲に設定するかが大きな問題となろうことは容易に予想できる [Bernard 1992]）。

54

　この説をめぐる騒動や論争は一時的なものに終わり、出版予定の草稿『ヴィヨンの秘密』も 1991 年にツァラの作品全集が出版されるまで陽の目を見ることはなかった。今日では、この仮説を適用すると同一行に同一のアナグラムを読み取る可能性が多数生じる (Stults 1975)、短い名前ほど検出しやすい (Bernard 1992) など、数理的にも「アルファベット 24 文字のもたらす偶然」の仕業であることがほぼ立証されているようである。しかし、もしそうであるなら、むしろ注目すべきは、ツァラの解読法を知らない編注者フーレが、そもそもどのようにして YTIERS MARCHANT の名前が隠されていると確信するに至ったか、そのプロセスであるように思われる。

　しかし偶然とはいえ、ソシュールの中断された探究とツァラの仮説とをとりまく状況は著しく似通っている——ほかならぬ「アナグラム」をめぐる草稿の束が筐底に眠っており、その信憑性は大きな疑問符つきのままであり、一方においては、それが自から言語研究の柱とした原理を一見帳消しにしそうな主張、かたや相称アナグラムは、意味の簒奪者として登場したダダイスト、ツァラが、難解で知られるヴィヨンの詩篇の裏に「隠された意味」の鉱脈を発見したという主張である。

　内容にもいくつかの共通点が認められる。双方とも詩歌というものの根源に目を注いで、字面の下に神名や女性の名、作者などの固有名を読み取ろうとし、テクストの裏に潜む秘密をさぐり出そうとしているのである (Testenoire 2008)。

　スタロバンスキがソシュール文書の解明にとりくんでいた当時、相称アナグラム説の噂は一部の文章や雑誌、新聞記事などから漏れ聞こえるだけであったはずである。それでもしかし、酷似した周囲の状況と酷似した主張がかれの判断に影を落としていなかったとは考えにくい[7]。

　説の詳細はどうであろうか。

　スタロバンスキがもしツァラの解読法とソシュールの解読法を較べてみ

7　ただしこの前年、1963 年にはツァラがラブレーの新しい作品を発見したというアラゴンの人騒がせな文章、L. Aragon, "Tristan Tzara découvre un œuvre nouvelle de Rablais," *Les Lettres françaises*, N°1000. 7 が発表されており (Testenoire 2008)、これがスタロバンスキの注意を引いた可能性は大いにありうる。

たとしたら、そこにもある種の類似性を見いだしたに違いない。たとえ
ばソシュールは、ルネサンス期の詩人ポリティアーヌス (Angelus Politianus
1454–1494) が画家フィリッポ・リッピのために草した碑文の一節を取り上げ
ている。

Conditus hic ego sum picturae fama Philippus
Nulli ignota meae est gratia mira manus.
Artifices potui digitis animare colores, [...]
われ絵画の誉フィリッポここに眠る
わが手の驚くべき恵みを知らぬ者はない
指の技をもって色に命を与え…

　ソシュールは、この第一行に作者名 Politianus が自署されていると見て、
p/P から綾取り式に o、li、it、hi と二連音を中心に拾って行き、やはり同じ
くだりに、画家フィリッポの名前の一部 (p/f、hi、pi)[8]、さらにはかれが誘惑
したとされる女性レオノーラ (Leonora) の名前を読み取ろうとする。最も簡
明な最後のケースは単音をランダムに拾う別種の例であるが、そこで推定さ
れている復号プロセスはおそらく次のようになる。

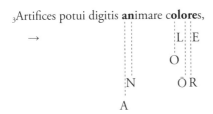

　まえにパスコリへの手紙の例を取り上げ (§2.2)、読み取りにさいして二
連音という基本条件が緩められて、ひとつの音素が二つの異なる二連音の一

8　ギリシア語の字母 φ の翻字 phi を音価 [p] もしくは [f] として扱っている。2 行目に -LI-
　と -US が潜み不完全ながらアナグラムをなしていると解釈する。

部とされる、二連音の反復が許容される、という形に変容してゆくようすを見た。うえの行に LEONORA の名前を読み取ろうとすれば、ソシュールは自分の立てた規則を破りさらなる後退を余儀なくされることになる。すなわち、

1) 二連音原則が必ずしも守られず、/l..e/ や /n...ō/ では離れた 2 音しか拾えない、

2) /l..e/ から /o/、/o/ から /n/、/r/ から /a/ への取り順は逆戻りになる（〔－正順〕）、

3) うえの 2 語に範囲を限定しても可能性が複数あり（たとえば /r/、/a/）、取るべき候補が一意に確定できない。

「これらの譲歩は偶然の符合へ扉を開く」(Wunderli *op. cit.*) という論評は間違っておらず、充分な長さがあればどんなテクストからも好きな単語が取り出せるはずである。これのあることを警戒してソシュールは、「イポグラムにとって単音が存在しないことはいくら繰り返しても足りない。これこそ核心的法則であり、これなくしてイポグラムはなく、アナグラムか、そうでなければ幻を相手にしていることになる」(Starobinski 1971: 47) と書き記したのではなかったか。

単にこの分析例に限らず、確実な標識であるはずのひな型や主座との照合もなおざりにされている。愛人の名前はレオノーラでなくルクレツィアが正しく、わずか 8 行の詩にこの名を探すことも簡単にできる、などという酷評が浴びせられるのも明らかにこの杜撰な復号のせいである。ひな型はどちらの名前も［L…A］となり、このくだりにその形跡はないが、構造的条件を無視して文字合わせだけを行なうのであれば、この非難はあながち不当とは言えまい。イポグラムに関する緻密な仮説は実地への適用面で手ひどく裏切られ、アナグラム、パラグラムという範疇がもろもろの例外の受け皿に堕している観が否めない。

ことに、前に触れた「アナグラム年表」(Gandon 2002) によれば、ソシュールが後期ラテン語の分析に手を伸ばしたのはアナグラム研究の終わりに掛

けて、年次でいえば 1908 年の 7 月から 1909 年の 4 月のことであるとされ、その段階でこのような水準にあったというのはどうにも不可解である。ツァラの文字中心、ソシュールは音声中心という基本的な違いを別にすれば、どちらも構成要素の拾い方が場当たり的で、著しく説得力に欠けている。強いていえば、単一の、検証可能な方式に準拠するツァラの仮説が一段まさっていると言えるかも知れない。

　もうひとつ大いに気になるのは、いかに音形や調べに比重の掛けられた詩的言語であるとはいえ、有意味な音列の奥にこのように攪乱された複数の語のひびきを聞き分けることがはたして可能であろうか、という点である。肝心の二連音という前提は忘れ去られており、たとえ当の語が周知の固有名に限られる、ということを考慮に入れたとしても、わずか数行のうちに異なる固有名がランダムにいくつか潜み、それらが聴き分け可能であるという事態はどうにも理解をこえる。言語音は器楽音と同じではないので、隠し題の章で多面的に検証したように、それらは、所定の方式と所定の順序に従って示差系列に取り込まれないかぎり単なる雑音にすぎない。

　思い出してみると、隠し題という和歌の技法の根底にあったのは、まずもって、表現の時間軸から外れない［＋正順］という条件であり、そこを外せばたとえば沓冠や省略（「ちぎり」の中略は「ちり」、ソシュールの飛び越えに当たる）、返音（「さけ」の返音は「けさ」）などのなぞ仕掛けに近づく。文字という時間超越装置でも利用しないかぎり、聴覚だけにたよって復号することはまず期待できないように思われる。

　つぎの一節は、さきに述べた最終結論（本書 p. 49–50）を得てもなお、スタロバンスキがソシュールと同じ疑念から自由になり切っていないことを示している。

　しかしアナグラムは、ソシュールがウェルギリウスやホメロスの作を言語学者、音声学者として読もうとしたことに根をもつのではないか？　経済学者なら交換のシステムを、心理分析学者なら無意識の象徴の絡みあいを読み取ったかも知れない。人はよく見つけたいと思う対象だけを探し当てるもので、ソシュールは詩行の伝統的な韻律法とは別の音声的制約を探し

たのである。古代の詩人たちを読むなかで探索し見いだした規則が、こ
れらの詩人たちの準拠した法則どおりかどうかはまだ不明である。だか
らこそ、古代人の中に外部的証人を見つけ、詩人たちが実際に守ってい
た法則ないし伝統の存在を証言してもらうことが必須不可欠に思われる
（Starobinski 1971: 124）。

第3章　さまざまの解釈

§3.1　アナグラム研究と一般言語学講義

　さきに進むまえに、ソシュールのアナグラム研究と一般言語学講義との関係について一瞥しておく必要があるだろう。この問題については、両者を同じ時期の産物と見るか見ないかで意見が割れており、この違いがアナグラム研究の意味づけに直結する。

　知られている年代を並べると次のようになる。

一般言語学理論の構築 1891–1900（ゴデルの説）
神話・伝説研究 1903–1910（丸山の説）
　　　　　1910（スタロバンスキの説）[1]
アナグラム研究 1906–1909（スタロバンスキの説）
一般言語学講義 1907–1911
　　第1回講義 1907年1月16日–1907年7月3日
　　第2回講義 1908年11月第1週–1909年6月24日：印欧語研究の概観
　　第3回講義 1910年10月28日–1911年7月4日：ラング / ランガージュ、ラングの社会性、ラング / パロルの定義、言語記号の諸性質（恣意性、線条性、形相、価値、単位、連辞と連合、差異）、

1　スタロバンスキはこの一年だけを挙げている。しかし年譜によれば、ソシュールは1904年ジュネーヴ大学において「ドイツ語ドイツ文学」の授業をまかされ、そこでニーベルング神話について講じているので、便箋のメモを根拠に1910年以前とする丸山の推定は間違いではない。

意味と価値、ゼロ記号

　スタロバンスキはアナグラム研究の時期について、「たぶんソシュールは1906 年にアナグラムの研究を始め、この仕事を 1909 年の初頭まで続けたのではないか」(*Op. cit.*, 7) と推定している。これは、ソシュールが僚友メイエに発見内容の検証を依頼した手紙 (1906 年 11 月 12 日付け) から起算し、イタリアの詩人パスコリに送った二度目の手紙 (1909 年 4 月 6 日付け) に返事がなかったのを潮に研究に見切りを付けたと見る立場である。メイエに宛てた書簡にはホメロス研究ノート数冊を別送するむね書き添えられているので、当の日時までにかなりの蓄積があったことが予想される。

　前に述べたように、そもそもの発端は 1905 年の末から翌年に掛けてのイタリア旅行にあった。サトゥルヌス詩の碑文と覚しい「面白いもの」、を見つけたというメイエ宛ての報告があったのは 1906 年 1 月、同じ年の 7 月にはその韻律形式について答えが得られ、その直後から「アナグラム」への言及が始まる。ここに起点を置けば、研究の開始時期は半年近く早まるけれども、しかしアナグラム解明にのめり込んだ時期をほぼこの 4 年余と見積もる点については、ほかに根拠がない以上、異論をはさむ余地がないと思われる。

　しかしうえの年譜があっても、アナグラム研究と一般言語学との前後関係については諸説がある。一般言語学については、理論構築の時期をとるか、それとも講義の行なわれた期間をとるかで判断に差が生じるうえ、「整備された」ソシュール学説が姿をあらわす第三回講義だけを以てこれを代表させる立場もありうるからである。

　スタロバンスキは 1964 年に執筆された第一論文で、「良い折りだからここで、1907 年から 1911 に掛けて行なわれた一般言語学講義は、大部分アナグラムに関する研究より時期的にあとだということを指摘しておこう」(*Op. cit.*, 9) と記している。明らかに内容面から、第三回講義によって「講義」を代表させていることが分かる。神話、あるいは作詩法という長期・短期の通時態研究の難しさに倦み、そこから一般理論に転じた、というのがかれの憶測である。

　言語学者のヤコブソンはこれとすこし違って、講義とアナグラム研究が同

時に行なわれたと見ている (Jakobson 1966, *SW* 4.685)。なるほど、時間的な重なりだけを根拠にしてアナグラム予想を見ればこれも間違いではない。しかし、察するところかれはソシュールにおける理論上の《自家撞着》に目を奪われており、同じ時期に、というより、同じ人が、という含みに聞こえる。また、アナグラム予想が、詩文の共時研究における唯一の、孤絶した成果であった (Jakobson 1971)、と評価する点でも、スタロバンスキとは立場を異にしている。そもそも、なぜこの「共時研究」ということばが出てくるのか、その理由ははっきりしない。ソシュールの用語に照らせば、汎時的 (panchronic) となるべきところかも知れない。

　他方、一般言語学の理論構築と、実際の講義とを時期的に切りはなして考える立場もありうる。なかでも有力視されているのはゴデルの説で、かれはソシュールの一般言語学が 1891 年から 1900 年にかけて理論的に整備されていったことを史料的に跡付けた (Godel 1957: 24; 33f.)。ソシュールが印欧語比較文法の教授としてジュネーヴ大学に赴任した 1891 年から、個別言語や言語史を研究し講じるなかで次第に思想が固まり、「1900 年以前、とくに 1894 年ごろ一般言語学の諸問題に専念した」というソシュール自身の発言に照らして 1900 年、という年にいちおうの完成期を置くのである。スタロバンスキの説はこの検証結果を反映しておらず、後年、論文をまとめて著書として出版するさいにも、またその再版のおりにも旧文を修正しなかったが、のちに丸山 (1981: 169) はゴデルの研究成果を踏まえてスタロバンスキとは正反対の、そして時系列から見て正しい、「一般言語学が神話・伝説研究やアナグラム研究の入り口であった」という、解釈を示している。続けてかれは、つぎのように総括する。

　　パスコリ［Bologna 大学教授、ラテン語詩コンテストでの連続優勝者］に手
　　紙を出す以前のソシュールが到達した一応の結論は、文学作品の諸語は先
　　行する他の諸語から生成され、詩の背後に存在するものはコトバを生み出
　　すコトバ、テクストを生み出すプレ・テクストである、ということであり、
　　ニーベルンゲンにおいて検証された神話上の《人物》と同じように、言語の
　　既成性を逆手に用いた新たなる関係の樹立であった。　（丸山 1981: 175 f.）

62

付け加えるまでもないが、これはソシュールそのひとが到達した結論というより、スタロバンスキの期待した結論である。

§3.2　ヤコブソンの見たアナグラム

　ローマン・ヤコブソン (Roman Jakobson 1896–1982) は言語の世紀とも呼ばれる 20 世紀の言語科学をいくつかの局面で主導した。ソシュールのアナグラム研究をめぐる動向も例外でなく、かれはその内容の解説や応用、さらには新資料の紹介に密接かつ積極的に関与し、かれ独自の解釈と敷衍に基づくものではあったが、この技法に対する関心を呼び起こし広めてゆくうえで大きな役割をはたした。この章ではヤコブソンによるアナグラム概念の適用例のいくつかと、新資料の紹介、そしてアナグラム説に対する理論的評価、という三点について順次紹介してゆく。

　ヤコブソンが 40 年に近い遠回りを経たのち青年時代の情熱の対象、詩的言語の問題に戻ってくるのは 1960 年、もっと細かくいえば「ことばの様式」(Style in language) をめぐるシンポジウムの開かれた 1958 年——かの有名な「閉会の辞：言語学と詩学」(Jakobson 1960) が発表された年である。よく知られているように、そこではコミュニケーションに関与する六つの因子、送り手、受け手、場面、メッセージ、コード、接触、がまず特定され、それぞれの「焦点化」(ないしそれぞれへの「志向」) という概念によって言語の諸機能が規定される。こうして、たとえば「場面」に焦点の合わされた表現は「指示機能」、「送り手」の焦点化された表現は「主情機能」を帯びる、とされるが、詩的言語の特性はメッセージ、すなわち表現そのものが焦点化された用法であると規定されている。これが定義の第一段である。これに第二段として次のような定義がつづく。

　もしメッセージの伝えるべき話題が〈こども〉だとすると、話し手は現存する多少とも類似した *child*、*kid*、*youngster*、*tot* のように、すべてある点で等価な名詞のなかからひとつを選び、ついでこの話題について何かを述べようとして意味上連関した動詞、たとえば *sleeps*、*dozes*、*nods*、*naps* から

ひとつを選ぶであろう。選ばれた双方の語は結合されて発話連鎖をなす。選択は等価性(equivalence)、すなわち類似と相違、同義と異義を基盤として行なわれ、他方、記号列の構成原理である結合は近接(contiguity)に基づいている。詩的機能(poetic function)は、等価性の原理を選択の軸から結合の軸に投影する。等価性が、記号列を構成するさいの手法の域にまで押し進められるのである。 (Jakobson 1960)

　全体として見れば、この論文は言語の諸機能に関する一般理論と、機能的差異を証拠づけるいくつかの事例、とりわけ詩的機能の具体的な現われ方に関する詳細な分析との二面を備えており、内容的には一応そこで完結している。しかしこの論文以降、かれは後者に類する、いわゆる「読解」(readings)と呼ばれる、詩の細密分析を多産するようになる。

　分析の中心的な作業はかれのいう「綾」(figures)の網羅的な析出と、そこから浮かび上がってくる、作品それぞれに固有の濃密な表現パタンの考察である。多様多彩な綾が検出されるが、大きくまとめればそれらは、下の三つに大別することができる(Werth 1976)。

1)　反復の綾：平行体／平行体忌避、均整／均整忌避など、
2)　稠密分布：音声のきめ、ポリフォニー、音列の構造化、
3)　稀少表現：古典修辞学の取り上げてきたような単独・自立的な綾や喩法

　これらの微視的分析を通してテクストそれぞれに特有のマクロ構造、たとえば幾何学的パタンや絵画的構図、分布の濃淡などが取り出される。詩的機能が「等価性の投影」ということばで規定されていたことから窺えるように、いわゆる綾の本質はつまるところ単位要素の「反復回帰」(recurrent returns)ということにあり、従ってここでソシュールのアナグラム研究の、とくに前段と問題圏が重なってくる。

　そうしたなかでソシュールのアナグラム説がどのように扱われているかを点検してみると、ヤコブソンはおおむね三つのコンテクストでこれに言及し

ていることが分かる。すなわち、①言語研究にかかわる新知識の紹介として、②詩的言語（とりわけ詩となぞなぞ）の一手法として、そして③、アナグラム説に対する純理的な評価、である。もっと整理していえば、アナグラム説への対応と、もっぱら短詩を対象としたイポグラム的・アナグラム的なもの、すなわち作者名、テーマ、その他の隠れた痕跡の検出との二つのばあいがある、ということになる。

　しかしこの二つが同じ立脚点をもつとは到底いえず、前者が終始一貫しているのに対して、後者は継時的にかなり変化し、しだいに緩やかな、言いかえれば自己流の解釈に傾いてゆき、ついにはソシュールの挙げ得た成果をほとんど顧慮しなくなる。まず「アナグラム」の検出例から見る。

　ヤコブソンの論述にソシュールのアナグラム説の影響が見られる箇所、あるいはそれに言及している箇所は十指を越える。かれの詩学理論はアナグラム手稿が解禁される 6 年以上もまえに完成していたので、言及箇所はすべて特定の詩の「読解」や具体的な分析のなかでのことで、初出はどうやら 1966 年の「回顧」(*SW* 4. 635–704) のようである。これはかれの著作選集第 IV 巻、『スラヴ叙事詩研究』の出版にさいし編集後記として書き下ろされた文章で、ヤコブソンはそこでスタロバンスキの最初の論文 (1964) に従ってソシュールの研究の概要を紹介し、次のように評している：

　　[…] 晩年のソシュールは言語の一般的側面、そしてまた詩の綾目に関する諸問題がどれほど未開拓で未知であるかはっきり自覚していた。かの有名な一般言語学の講義と時を同じくして仕上げられた音声遊戯 (jeux phoniques)、とりわけさまざまの詩的伝統におけるアナグラムの役割、に関する理論と分析は、まさにソシュールのきわめて斬新かつ輝かしい発見のひとつに数えてよかろう。　　　　　　　　　　　　　(*SW* 4. 685)

　これが肯定的な評価であることはいうまでもない。しかし見逃してならないのは、明らかにその評価が、アナグラムを詩的機能の一側面、すなわち詩的言語における「音声面の焦点化」の一様相と見なす姿勢から出ており、仮説でなくて発見であると認識している点である。それゆえ、スタロバンスキを

含め、文学理論家たちがそこに詩的創造の一原理、いわゆる前テクスト性の可能性を見たのとは対照的に、ヤコブソンはあくまでこれを修辞的な技巧のひとつである音声の綾、また時には詩的言語における音編成の問題であると受け取っている。つづけてかれは、12世紀ロシアの叙事詩『イーゴリ遠征物語』の有名なヤロスラーヴナの嘆きの段を取りあげる。

　南ロシアの小都市ノヴゴロト・セーヴェルスキーの小候イーゴリ（Igor'）は、1185年の春、功名心に駆られてポーロベツ人——ボロジンのオペラ「イーゴリ公」では韃靼人——の居住地を攻め、思わぬ大敗を喫する。叙事詩では、イーゴリ戦死との誤った報せを受けた妻ヤロスラーヴナの嘆きのことばが16行にわたって描写されているが、夫がそれと名指しされることはないのに、その名イーゴリ（Igor'）に呼応する音連続 /gor'/ や /gor-/ が「悲嘆」、「なか空」、「街」などの語中成分として繰り返し出現することにヤコブソンは注目し、原文9行のうちにその名を匂わせる音節が4回現れること、またほかにも主人公の父称スヴャタスラーヴィチをほのめかすような音列の反復があることを指摘している（SW 4. 685f.）。当時の新知見を、ひとのよく知る、そしてかつてみずから校訂版の編集に関わった『イーゴリ遠征物語』にさっそく適用して見せたわけである。ソシュールの「メイエ宛書簡集」（Benveniste ed. 1964）もすでに公刊されており、語呂あわせとの関連でこれへの言及もある（SW 4. 680）。

　次にアナグラムが取りあげられるのは、ボードレールの"Spleen"の微視的分析においてである（Jakobson 1967）。この論文にはかれが試みたほかの、やや型骸化したアナグラム析出に較べて注目すべき点がいくつかある。

　ひとつは、ヤコブソンがそこで、アナグラムという概念を古期の詩文というコンテクストから引き離して近代詩に適用している点である。すでにスタロバンスキーにも前例があったが、もし「アナグラム」がソシュールの見込みどおり中世以前に行なわれていた詩法であるなら、明らかにこれは概念の一人歩きである。しかしかれの微視的なテクスト解析、という角度から見ると、これは探索範囲の拡張、詩的機能のもたらす技巧性が新たにもうひとつ加えられた、ということを意味する。

　うえに述べたようにソシュールの書簡集がすでに公にされており、アナグラム・ノートを点検、分析したスタロバンスキーの論文も同じ年から公刊され

始めていた。論文の執筆時と発表年がずれるのはごくありふれたことなので、1967年の段階でかれがどこまでこれらの新情報に通じていたか正確には掴めない。けれども、この論文にはソシュールの用いた「テーマ語」や「キーワード」(mot-thème, mot-clef) という用語が現われるので、ここから、スタロバンスキが最初の論文(1964)で紹介したアナグラム研究の「序論」、第1ノートの内容紹介を踏まえていることがまず推測できる。さらに二連音(diphone)という用語が見えるだけでなく、/spl/ を三連音 triphone と呼んでいる箇所もあり、これらを主題的に取りあげたスタロバンスキの第2論文(1967)にまで目を通していたことはまず確実である。ちなみにこの第2論文は、ほかでもないヤコブソンの生誕70歳を祝う記念論集に掲載されたものである。

　これら二つの文章には、アナグラム説の紹介といくぶん性急な応用とが入り交じって現われる。もうひとつ、別の意味で注目すべき点は、文中に詩の音構造の分析における第三の系譜が姿を現わしているという事実である。まず該当箇所の内容をかいつまんで説明しておこう。

　『悪の華』(1861年改訂版)には "Spleen" ——堀口大学はこれの訳語に「幽鬱」ということばを当てた——という表題をもつソネットが4篇収められている。どの作にも「テーマ語」であるはずの spleen そのものは登場しない。ところが最後の第4作は、おもに二連音、sp、pl、それに流音を入れ替えた三連音 spr を繰り返しつつ前進的にアナグラムを構成して、明らかにこの語を暗示している、とヤコブソンは述べる（ローマ数字は連の番号、下付きの数字は行をあらわす）。

　そして第5連の4行目では、一語全体の輪郭をアナグラムとして描き出している：

V $_4$ sur mon crâne incliné plante son drapeau noir
　　　　　N.......LIN PL......S.........P.......N
頂垂れししわが頭上に黒き旗打ち込み

　次いで、ほかの3作にも多かれ少なかれアナグラムの形跡が見られることをかれは指摘し、これがボードレールの手法として例外的なものではないと

して、同じく『悪の華』のソネット、「深淵」（"Gouffre"）を取りあげている。「深淵」の第 2 連からさいごの第 4 連にかけてテーマ語 gouffre の構成音が頻出し、あたかもその音形を「模倣」しているかのようである。たとえば第 2 連：

II ₁En haut, en bas, part**ou**t, la p**ro**f**o**ndeur, la **gr**ève,
　　　　　　　OU........R.F..............GR
　₂Le silence, l'espace a**ff**r**eux** et captivant...
　　　　　　FR
　₃Su**r** le **f**ond de mes nuits Dieu de son doigt savant
　　R.....F
　₄Dessine un cauchemar multi**fo**rme et sans trêve.
　　　　　F. R
上も、下も、至る處、深間、浅瀬、
沈黙、それに捕えて放さない恐ろしい空間だらけ…
僕の夜な夜なの暗黒な背景の上に、神はその巧者な指で、
切れ目のない様々の夢を描いては見せて呉れる。　　　　　―堀口大学訳

　この例は、論文の執筆に協力したひとりピエール・ギローがかつてこの語の両義性を論じた文章（Guiraud 1958）で指摘したケースらしい。ギローは名の知られた語彙論、文体論の専門家で、かれのこの論文は年次からいえばヤコブソンの詩学(1960)やソシュールの手稿類が公開され始めた時期(1964)より数年早く、リンチの音素分析(1953)に次ぐ。

　この当時、「詩学」という分野名はまだ古典学が独占しており、詩的言語の分析や解明はこの論文の表題に見られるように「文体論」(stylistics)という分野に属し、それも小説言語の文体分析に押されて片隅に追いやられていた。当然ソシュールのアナグラム予想が知られるはずもなく、それゆえ二連音、あるいは要素の並び順に関する条件はなんら設けられず、分析は音声とも文字とも区別のつかない平面で行なわれている。当の現象に対するはっきりした名称もまだなく、ただ語呂あわせの一種として認識されていたように見える。

68

　しかし無視できない点は、音編成の計量的な分析やアナグラム法とは別に、詩の音声は、主題をなす語の形をあたかも浮き彫りにするかのように布置される——ソシュールのことばでいえば、「主題となる語や名前を模倣する」ことがある、という事実がすでに認識され、文体分析においてはその角度から詩的表現が吟味されていたことである。いうまでもなく、それは詩的言語における秘められた技法の解明としてではなく、音声の付置がメッセージの内容を模倣するケースとしてでもなく、語音がそれ本来の示差的な機能を離れて「素材的」に使用される現象の一端として、である。

　読解の話にもどると、ほかにもフィルナンド・ペソアの詩の分析（1968）、ゴーゴリの献呈詩の分析（1972）、ブレヒト論（1976）その他、もっぱら作者名に関わるアナグラム検出の試みがいくつかある。しかしそのなかで特筆すべき論文はローレンス・ジョウンズとの共著によるシェイクスピアのソネット129番の分析、「〈恥ずべき放蕩三昧に精神を浪費すること〉におけるシェイクスピアの言語芸術」（1970）である。

　特筆に値するとは言っても、内容上アナグラムに絡む点としては、『ソネット集』134–136番で 'will' と 'Will[iam]' が掛けことば風に使われていることを指摘したうえで、当の129番では出だしの *expense*（XP）*of Spirit*（SP. R）*in a waste of shame*（SHA）〈恥ずべき放蕩三昧に精神を浪費すること〉に作者名SHAKESPEAREがランダムに、さらに末尾二行連の *well*　（WILL）*...yet*（Y）*...men*（M）に WILLIAM が正順で織り込まれている可能性に触れているだけである（*SW* 3: 300）。

　それにも関わらずこの論文が特別視される理由は、ほかでもないスタロバンスキが自著の最後に、「ローマン・ヤコブソンの諸研究、とりわけこの論文は、はっきりソシュールのイポグラムの着想に訴えている」、という脚注を添えているからである。そこでは明言されていないが、SHA, XP あるいは Y は音声的にはそれぞれ [ʃei]、[ksp]、[i] であるから、ヤコブソンはここで音声とも文字表記とも判別しにくい領域に一歩踏み出しており、これがスタロバンスキに影響を及ぼした可能性も否定できない（音声と文字表記との視点の対立については後で述べる）。

　さらにいえば、スタロバンスキは同書の最終章で、ソシュールの数少ない

相談相手メイエからの反応として、「試しにホラティウスを覗いてみると、た
またま開けたページなのに忽ちアナグラムらしいものが発見できました」、
という証言を引き、加えて脚注ではミシェル・フーコーのレーモン・ルセル
論(1963)[2]とヤコブソンのこの論文に言及している(Starobinski 1971: 159)。こ
の巧妙な書きぶりによって、アナグラム説はあたかもメイエ、ヤコブソン、
フーコーという三人の、この上なく強力な推薦者を獲得した恰好になった。

　ある著者は、この脚注をさして「歴史的に重要」であると書いている(Bellamy
2015b: n47)。その理由は、このソネット分析が英語圏においてアナグラムと
いう角度からシェイクスピアの『ソネット集』、あるいはかれの他の作品群、
さらにはかれと同時代の詩人たちを改めて読みなおす、という波状効果を生
み、ついにはヨーロッパ中の諸言語におけるアナグラム探索のうねりをひき
起こすことになったからである。1980年代から四半世紀にわたるアナグラ
ム探索を跡づけた研究によれば、代表的な詩人を挙げただけでも、対象はダ
ンテ、ペトラルカ、ロンサール、トルバドール詩人などのほか、ヘルダーリ
ン、バイロン、ジョイス、ナボーコフ、エリオット、ランボー、マラルメ、
ルネ・シャール、ブローク、アフマートヴァ、フレーブニコフ、マンデリシュ
タム、など、近現代にまで及んでいる(Gronas 2009)。一括りにいえば、これ
はアナグラム法を詩的創造の一般原理と見なす系譜の広がりを示すリストで
あって、時代から時代へ、詩人から詩人へと継承されたはずの作詩技法のひ
とつと見なす立場とは明らかに別の系列である。

　ヤコブソンによるアナグラムへの言及でもうひとつ目ぼしいものに、特異
な仕掛けをもつロシアのなぞなぞがある。

　ロシアの短い伝承形式から二三、例を拾うと、そこでは音声の綾と文法の
綾が、明らかに下意識レベルで丹念に織りあげられ、緊密な統一体を作っ

2　ルセルは同音多義語や構造的多義、語呂あわせ、あるいはメタグラム(metagram、たとえ
　ば billard〈玉突き台〉と pillard〈かっぱらい〉のような一字違いの語)によって引き起こされ
　る文意の意想外の転換を発想源として難解な作品を著わしたことで知られている。フー
　コーの著書はその解説として書かれており、日本語訳として、豊崎光一訳『レーモン・ルー
　セル』法政大学出版局(1975)がある。

ている。

> Šlá svin'já iz Pítera,　ペテルブルクから豚がやってきた
> vsjá spiná istýkana.　背中いちめん刺し傷だらけ。[なあに？]

このなぞなぞの求める答えは「指ぬき」(*napjórstok*) で、産業の中心地から地方に出回ってくるこの品物は豚の皮膚のようにがさがさして穴だらけで、はっきりと意味的な手がかりが与えられている。[…]

　答えとなる語は、なぞなぞの問いの文言にアナグラムとして織り込まれている。第2行の前半部と後半部は答えの /na/ と同じ音節でおわっており (/sp'iná/ と /istíkana/)、語根の A: /p'órst-/ となぞの第1行の後半部 B: /isp'ít'ra/ では4箇の同じ子音が逆の順序で並んでいる：A) 1234; B) 3142 (A群の最初の2音素は B 群の奇数番に、うしろの2音素は B 群の偶数番目に対応。) なぞなぞの最後の半行 /istíkana/ は答えの最終音節 /-stak/ にふくまれる子音列と呼応している。*Píter* は明らかに、数ある都市名の選択肢からアナグラムを考慮して選ばれている。　　　　(Jakobson 1971: *SW* 3.141)

たとえば次のように、自己言及的ななぞなぞはこの遊びのひとつのタイプをなし、おそらくどの言語にも類例があるはずである。

〔日〕たぬきの宝箱には何がはいってる？
〔英〕What is the longest word in the English language? など
(答えは「からばこ」;「smiles」、つまり <s> から <s> まで1マイルある)

ロシアのなぞなぞのように問いのなかに答えの織り込まれるケースは確かに珍しいが、しかしこうした例は少なくないとしてヤコブソンはほかにも例を挙げており、この点については傍証もある (Todorov 1978: 245)。
　しかしそれより重要なことは、ここにおいてソシュールの予想したアナグラムが、実体の解明を置き去りにしたままイポグラム (＝a) もしくはパラグラム (＝c) という理解のもとに一人歩きを始め、古典期から近現代へ、書きことばである詩や散文から口承文芸へと大幅に拡大解釈されるに至った、と

いう事実である。この一歩が、詩をテクストの慣習的な一ジャンルと見なす
のでなく、詩的機能の優勢な各種の言語実践として捉えるヤコブソン独自の
詩学から来ていることはいうまでもない。

　ヤコブソンが具体的な作品を論じて署名アナグラム（signature anagram）に言
及した例は少なくないが、なかで異例なのは万葉歌人、高橋の虫麻呂の長
歌をあつかった論文「古代日本の離別歌の輪郭に関する覚え書き」（Jakobson
1981）である。論文の最後には、「着想されたのは 1967 年夏、東京」という欄
外注があり（*SW* 3. 164）、選歌と音声表記については日本の言語学者、服部四
郎が協力した。言うまでもなくこれは名入れの可能性だけを論じた文章では
なく、いわゆる五七調の基盤、この長歌の文節構造、平行体、使用された枕
ことばの特徴、掛けことばなど、内容は多岐にわたっている。

　まず詞書き「四年壬申、藤原宇合卿、西海道の節度使に遣はされし時に、
高橋連虫麻呂の作りし歌一首」[5] に、作者名 Takapasi Musimarö と語呂を合わ
せるかのように /t.kapa.si.t.k.mur/ が現われ、「遣はし」は本文の「伴の部を　班
ち遣はし」にも出現することに目をとめる。これに示唆を得て、歌中に虫麻
呂の名が隠されていないかどうかを確かめてみると、「注目すべきことに、詩

3　『万葉集、巻第六雑歌』976。新日本古典文学大系版（岩波書店）では 971 番。詞書きその他
　　の読み下しにも版により若干の異同がある。一部を示せば、ヤコブソンの分析は次のよう
　　な転写をもとに行なわれている。文章化されたのは 1981 年、ヤコブソンの最晩年である
　　が、その間にも法学士、山口民治氏の協力があったむねの謝辞がある。その詳細について
　　は Yokoyama (2016)、内容の詳しい解説については山中（1994）を参照。

　　　冬ごもり　春さり行かば　飛ぶ鳥の　早く来まさね
　　　竜田路の　岡辺の道に　丹つつじの　にほはむ時の
　　　桜花　咲きなむ時に　山たづの　迎へ参でむ
　　　　君が来まさば

11	Pu yu gö mo ri	pa ru sa ri	yu ka ba
	Tö buǀ to ri-nö	pa ya ku kyi	ma sa ne
	Ta tu ta di-no	wo ka bye-no	myi ti-ni
	Ni tu tu zi-no	ni po pa-mu	tö kyi-nö
15	Sa ku ra ba na	sa kyi na-mu	tö kyi-ni
	Ya ma ta du-no	mu ka pe ma	wi de-mu
		Kyimi-ga kyi	masaba

72

人の姓と名に含まれる 7 箇の異なる音節が、この長歌の 197 音節のうちに 47 回生起し（13 ta, 6 ka, 7 pa, 5 si, 5 mu, 10 ma, 1 rö.）、したがって音節総数の ほとんど四分の一にのぼる」(*Op. cit.*, 3.159) ことを知るのである。

　最初の例は、定石どおり表題からかれ独特の精密検査を始めたものである。 検出される署名もシェイクスピアの「ソネット」129 番で見たのと同じく各語 からランダムに文字の拾われた不完全な、そして「遣はす」という一語の使用 に依存する音列で、ソシュールの用語でいえばイポグラムの一種と言えなく はないが、ふつう語呂合わせとされるケースである。

　しかしあとの、音節の頻度に関する指摘は、同じ署名アナグラムとはいえ、 従来のどのような主張とも性質が違っている。〔図表 1〕（本書 §1.2）に掲げた 分類基準を適用すると、かな文字の特性からしてそれは子音と母音との連続 音（〔＋二連音〕）からなり、ランダムに（〔－正順〕）、テクスト全体に分布して いる（〔－集中〕）ことになる。

　ヤコブソンがこの例にこだわった理由のひとつは、「二連音」「作者名」とい う、ソシュールの掲げた基本的な定義項を二つとも充たす点であった可能性 がつよい。しかし言うまでもなくこれは「かな」という音節文字の作り出し た単なる見掛けで、アルファベット使用者ソシュールの念頭にはもともとな かったタイプであると思われる。かれがラテン語の Hercolei から -rc-、-co-、 -ol-、-lei- などの音声の断片 (fragments phoniques) を切り出すことができたの に対して、日本語の Takapasi にその種の自由はない。頻度の計算でヤコブ ソンも前提しているように、日本語では子音＋母音が単位として固定してい て、音列のなかで -ak-、-ap-、-as- など母音＋子音の連続が意識されること は恐らくない。強いていえば、これはリンチ／ハイムズの分析における音素 の扱いに似ているが、単音と音節との違いは別にしても、判断枠の取り方は 大きく違っている。

　すなわち、ここでは上代日本語、あるいは和歌の言語を母集合とした音節 の頻度は考慮されておらず、細かくいうと、ヤコブソンは言語コードでなく、 虫麻呂の作った長歌、つまり言語メッセージを判断枠として、使用された音 節総数と人名を構成する 7 音節の出現数との比率を論拠としようとしてい る。これは全体に対して部分部分がどのような役割を担うか、という機能主

義のたちばを反映したもので、旧修辞学あるいは文体論とヤコブソンの詩学
との違いがまさにこの判断枠の革新にあることは言うまでもない。旧修辞学
がもっぱら言語コードを枠組みとして個々のテクストとは無関係に種々の彩
り、すなわち綾と喩法との総カタログを作成しようとしたのに対し、かれの
理論は《詩的メッセージ》、つまり表現面が焦点化された言語の、具体的な行
使形態の分析に主眼を置くのである。分かりやすくいえば、コードからの逸
脱やずれを特徴とする各種の単一的な異常語法でなくて、メッセージそのも
のに観察される言語項目の布置や綾目が分析対象なのである。むろんそのな
かに逸脱やずれが含まれることもありうるが、同じ逸脱やずれとはいえ、ヤ
コブソン詩学において検出されるものは文脈に依存し相互の関連性を前提し
ていなくてはならず、その点で伝統的な理解とは基本的に異なる。

　そこからいえば、テクスト内での音節の出現頻度を基準としてテーマ語を
割り出す方法は選択肢としては正しく、前に見たようにリンチ／ハイムズの
ばあいも音素のレベルにおける同様の試みであった。その角度から虫麻呂の
長歌を調べてみると、テクスト内の音節ごとの出現頻度は、no × 15、ta ×
13、ki × 13、ma × 10、ku × 9、ni × 9、のような順になる[4]。これに照らせば、
第4位までの生起数で「音節総数の四分の一」をすでに越えており、この交雑
音のなかで「タカハシ」を聴き取ることはありそうにない。ヤコブソンは悪し
き計量的方法に陥った懸念があり、この系列のなかに作者名を伏せることも、
あるいは聴き取ることも現実問題としてあり得ないと思われる。

　他方、アナグラム説そのもののヤコブソンによる受けとり方には、継時的
に見て大きな変化はない。ソシュールの探求の内容がスタロバンスキの伝え
るところ以上に明確になることも精密になることもなく、極端にいえば、か
れの著書の最初の2章に当たる第1論文と第2論文 (1964, 1967) の段階で、
ほとんどの判断材料が出そろっていたので、これは当然といえば当然の結果
であろう。つぎの一節がヤコブソン最晩年の発言で、これはかれがアナグラ
ム説について各所で述べてきたことの総括をなしている。

4　上代日本語における母音の甲乙は韻律や律読に関係しないのでここでは考慮に入れない。

74

『講義』における一般原理のひとつ、シニフィアンの線的性質（caractère
linéaire du signifiant）は、同じ時期にかれが出版を計画し準備した唯一の研
究、ラテン語、ギリシア語、およびヴェダ語の詩におけるパラ・テクスト
の膨大な研究結果と矛盾している。これらの手稿類は「アナグラム研究」
（Anagrammes）と呼ばれているが、この呼び方は不正確で、実際にはもっと
広範囲の、入り組んだ問題圏にわたっている。言語音は高次の、文法的な
単位において意味の弁別に役立てられるだけでなく、韻文の構成要素とし
てそれ自身、全権的な任務を帯びているのである。たとえばサトゥルヌス
詩のばあい、母音には、同じ詩中のほかの箇所でそれと等価な母音が対応
する必要があり、他方、子音には子音で同じように厳密な規則がある。こ
れらの構成要素は偶数回、正確に対のかたちで反復され、それゆえソシュー
ルは NUMERO DEUS PARI GAUDET〈神は偶数を愛でる〉という警句を
書きそえた（Starobinski 1971: 21–23; 33 を参照）。かれはこの原理が、「記
号列における連なりどころか、いかなる線的な順序にも関わりなく作動す
る」ことを力説した（同書 47）。　　　　　（Jakobson & Waugh 1979: *SW* 8. 224）

ソシュールのアナグラム研究が「広範囲の、入り組んだ問題圏にわたる」と
いうときヤコブソンは何を念頭に置いていたのであろうか。もし、「ラング」
と「パロルないしディスクール」との区別、ニーベルング神話、サトゥルヌス
詩における反復、アナグラム詩法、といった多分野にまたがり、根底では
言語に関わる諸原理や言語的創造の問題にまで及ぶことを言っているとすれ
ば、その入り組んだ問題圏を、言語音の意味弁別機能を越えた、韻文の構
成要素としての音声は単なる意味弁別機能を越えるとして、「意味決定機能」
（sense-determining function）という角度から一括りにして、《ソシュールがこの
領域に史上初めて踏み込んだ》と説明するのはあまりにも粗雑な単純化であ
る。
　もしも逆に、音の偶数回の反復や、二連音によるテーマ語の展開、ひな型
や主座の存在にかかわるソシュールの発言をこうまとめているのであれば、
それはヤコブソンがこれらの現象をかれのいう詩的機能の現われとしか見て
いない証拠である。どうやら後者である可能性が強いけれども、音声が意味

の決定に関与するのはアナグラム予想に至る過程で目に留まった反復現象の
一面で、「アナグラム法の発見」という言い方にもかかわらず、アナグラム法
自体はいっさい目に映っていないことになる。

　ヤコブソンがこの未完の研究に接してからここまでに 20 余年が経過して
おり、その間かれは、たびたびこのアナグラム研究に言及してきた。その重
要性と利用価値を認めたことは事実であるが、しかしそこで取りあげられる
のは、このように、その広範囲にわたる諸問題ではなくて反復と署名アナグ
ラムという二つの側面だけであり、しかもそれは必ずしも肯定的・建設的な
意味においてではない。

　引用箇所に見られるように、理論的にはこれをソシュールの教説における
二律背反と断定し、その理由として二点を挙げている。すなわちアナグラム
は「時間の外に展開する」ものとして、明らかにソシュールが言語記号の第二
の特質としたシニフィアンの線的性質に背くことがらであり、第二に、言語
音は韻文においては弁別機能を離れて、間々「全権的な任務」を帯びて意味の
決定に関わることがある──つまりアナグラム研究は、「コトバの二つの基本
原理である、(i)シニフィアンの線状性自体の破壊と、(ii)シニフィアンとシニ
フィエとの相互依存性の破壊」を意味する──として、ヤコブソンはここに
ソシュール理論の破綻と限界を見ようとしたのである（丸山 1981: 186 を参
照）。

　二つめの、韻文における音声の自立傾向という側面は、ヤコブソンが詩的
機能の第一定義、すなわちメッセージの焦点化、という角度から説明しよう
としたことがらである（§3.2）。その点でアナグラムは明らかに詩的機能の
具現として説明がつき、そうであるからにはテクスト全体という機能体との
関係抜きで捉えることはできまい(Sasso 2016)。

　さきほど引いたヤコブソンの発言はサトゥルヌス詩における偶数回の反復
に触れるだけで終わり、アナグラム法には言及していないけれども、これは、
いまだその正体が明確でなく総合的な評価の下しようがない、という理由に
よるものであろう。頭韻や類韻など、同一要素の反復が重要な役割を演じる
という点を除けば、たとえば詩的機能の第二定義、「等価性の投映」という原
理をそこに適用できるかどうかすら未だ不明なのである。

　他方でかれはアナグラムの探索を絶えずつづけ、自伝でもこれをかれのテクスト分析における目的のひとつであったかのように語っている (Jakobson 1980, *SW* 8. 521–522)。アナグラムを基本的に音声にかかわる問題と受けとる点ではかれもソシュールと変わらないが——ただし、そこからたびたび逸脱していることも既に見た——他面ではこれを掛けことばや語呂あわせと同列の局所的な綾と見なしていたので、ソシュールが定義項とした、①テーマ語を基底とする、②二連音の反復、という基本的な二条件はしばしば置き去りにされ、とりわけひな型や首座など、③アナグラム法の構成要素の問題は完全に無視されて、ついには作者名の綴り変え、ないし点綴というかれ独自の解釈に傾斜していった。ソシュールの分類に当てはめていえば、それは二連音という条件を早々と見限り、正順であることも要求せず、したがってイポグラムでもアナグラムでもなく、特定の語をなぞるかのような音の集中、パラグラムへ傾いてゆく過程であったといえる。虫麻呂の長歌はあるいは二連音のテストケースとして選ばれたかも知れないが、ソシュールにとって二連音が理論的要請であったのに対し、ヤコブソンの詩学からすれば反復の単位が単体であるか連続体であるかは少しも問題にならなかった。アナグラムの候補として持ち出された音節の集中分布と署名は、どちらも事実的、理論的にアナグラムの実体解明とは別の視点から取り上げられているのである。

　「テーマ語、キーワード」という規定も次第になおざりにされる。ごく初期の『イーゴリ遠征物語』やボードレールの「幽鬱」における検出例 (cf. Jakobson 1966, 1967) とロシアのなぞなぞを別にすれば、アナグラムとして割り出されるのはもっぱら「作者名」である。この署名アナグラムの探索はかれの「読解」における一種の儀式と化しており、数かず例は示されるが、残念ながら得られた結果が真正かどうかを検証する根拠に欠けている。

　さらにいえば、それが存在せねばならない理由づけも希薄である。たとえば『ソネット』129 番にかれはシェイクスピアの署名が隠されていると見たけれども、署名アナグラムであるかどうかの判定基準が示されておらず、署名を隠し入れる目的も不問のままで、これが「幼稚な当て推量」(Bellamy 2015b: 53) と酷評されたのも理由のないことではない。つまるところ、詩的言語における音形の焦点化が理論づけられた点を除いて、ソシュールが挫折したと

きと状況はほとんど変わっておらず、却って問題の変質と矮小化が起こっているのである。

　繰り返しになるが、それにも関わらずかれがアナグラムを検出しようとするのは、これをたとえば掛けことばと同じく、コードとメッセージとの多重性を利用した技巧のひとつと見なしているからである。それは重層的な意味を作り出す工夫の一タイプで、かれがあまたの用語のなかから特に「パラテクスト」(paratext〈並行テクスト〉)という呼び名を選んで使う理由もそこにある。この呼び名自体はソシュールに始まるもので(Starobinski 1971: 19)、語義を視野に入れながらパラグラムを捉え直した用語であると推定される。しかし、当のヤコブソンにとってパラテクストとは音の反復に基づく並行体の一種なのか、等価性の投影という第二定義に照らしてどう理解されるべきものか、テクストのなかでいかなる機能を果たすのか――これらの、純理的に重要なはずの問題は取りあげられることがない。

　ヤコブソンのアナグラム探しはこのように、ソシュールの没頭とはだいぶ意味が違っている。それはアナグラム法を支配する諸規則、この技巧の目的と機能を割り出すことに向けられたものではなく、他面では文学理論家クリステヴァやリファテール、あるいはジョルコフスキーなどとも違って、アナグラム法をヒントに日常語あるいはテーマの変形・変換として創造理論を構築することでもなかった。いうまでもなく、その理由は詩作品の一般的な言語特性について――作詩法についてではないが――かれがあらかじめ自前の理論を所有しており、古典詩のある特質を理解するのに「偶数の愛好」(ソシュール)や「同語反復症」(スタロバンスキ)を措定する必要が少しもなかったからである。

　こうして、これまでに見たヤコブソンによる「アナグラム」の析出例はその性格からいうと文体論における音声の綾と同類で、ともに〔±二連音〕〔−正順〕〔＋集中〕という特徴を備えている。しかしもうひとつの共通点として、テーマ語が必ずしも完全形をなすとは限らない、という点を追加しなくてはならない。このタイプは第 1 章で示した分類枠(〔図表 1〕)に収まりきらないが、ソシュールに類似例がなかったわけではない。たとえばサトゥルヌス詩の伝本中にある ad mea templa pŏrtātō〈わが神殿にもたらすべし〉という辞

句にかれは L のひとつ足りない、APŎLŌ を見つけ（加えてこのばあい P と
L は原文とは逆順である）、この必ずしも全要素を含まないケースを「アナグ
ラム式の音複合」(un complexe anagrammatique) と呼んでおり、上のタイプはま
さにこれに相当する。

　しかし類似性だけに目を奪われてはなるまい。むしろ留意すべき点は、神
格や作者、女性をさす固有名と、「幽鬱」「深淵」などの普通名詞とでは意味の
様態に著しい違いがあり、この種別がアナグラムそのものの機能と密接に関
連するという事実である。ヤコブソンの指摘した「イーゴリ」などはこの単純
な二分法が当てはまらず固有名がテーマと一致する例であるが、ふつう固有
名が特定の関与者を名指すのにたいして、普通名詞はさまざまのレベルで一
般化をおこなう（たとえば「三毛」、「猫」、「ペット」、「動物」など）。したがって
織り込まれた語としては機能の上で大きな違いが生じ、神格や人名の織りこ
みが意義をもつのは、それがアナグラム法の起こりや機能に絡んでいたり、
あるいはたとえば碑文の内容や隠された背景に関係していたりする時であ
る。そのようなばあい、テクストの裏にこの種の固有名を発見することはこ
の技法の成り立ち、さらには個々のテクストの解明にとって不可欠であり、
また大いに有益である。けれども、たとえば和歌のように記名性の重んじら
れる詩的伝統のなかで、作者名をわざわざ隠し入れる理由は乏しく、そうし
た例がほとんどないことはすでに検証した。また詠み人のよく知られた歌や、
シェイクスピアの作として著名な『ソネット集』に作者名の綴り変えを読み取
ることがテクスト解明のうえで何かの意義をもつとは考えにくく、もしそう
いう事実があったとしても、それは詩的言語における音編成の一特徴に過ぎ
ないであろう[5]。そうでないケースの存在を主張するには、それなりの明証性
を備えた根拠が必要である。

　これに対して、普通名詞をめぐってそれと感知しうるほどの音複合が見ら
れるとすれば、それはリンチ／ハイムズが追求したように一詩の内容を集約
した語でないかぎり、単なる音象徴のレベルにとどまる。

5　ただし、『ソネット集』がいま見るような順序付けられた詩集としてでなく、数篇ずつばら
　ばらの型で公表され流布したらしい点を考慮する必要がないではない。

　ヤコブソンはソシュール学説の修正者として、他方では言語学の泰斗として
てアナグラム仮説についてかれ自身の解釈をしめし、また見解を求められる
立場にあった。しかし結論的にいえば、この仮説との関わりでかれの果たし
た役割は、《署名を思わせる音複合》という、どう見ても卑小な問題にかかわ
ることで終わった。結果的に、それは、ある体系的構想の一部を借用して自
説を補強したにすぎず、ソシュールがその存在に気づいたアナグラム法その
ものの解明という点では、何ら進展をもたらさなかった。

　立場を入れ替えて、かれの詩学との関連でアナグラムの果たした役割はど
うであったか考えてみると、それはかれのいう音声の綾の領分に語や名前の
音声・表記上の「なぞり」を加え、これが詩的機能の発露としてジャンル横断
的に存在することを示した点で一定の成果をあげたと言える。なるほどそれ
は、かれが重視した言語音の呪力をしめす一例とはなったかも知れないが、
しかしソシュールの予測とじかに交わるところは少なかった。

　そうとはいえ、アナグラムがもし詩的言語に共通する音声の綾であるとす
るなら、ソシュールそのひとが韻文から目を転じてキケロやプリニウスの散
文を取りあげたとき (Starobinski 1971: 115)、この用語はもうすでに解体と変
容を始めていたと言えなくもない。この一歩は、ヤコブソンの一連の仕事に
よって是認され、口承文芸への拡張、さらには近・現代詩を含む広範なアナ
グラム探索熱へと繋がっていった。そこからいえば、シャトーブリアンやボー
ドレール、ヴァレリーの詩文を引いて「アナグラム」や「音声的模倣」を例示し
て見せたスタロバンスキ自身も同伴者のひとりであった。

§3.3　アナグラム予想の第一信

　アナグラムを巡るヤコブソンの役割に意外な展開がひとつ加わる。それは
1964 年、バンヴェニストの手で「ソシュールのメイエ宛書簡集」が編まれた
とき、なぜか欠落していた肝心の一通が、たまたま 1970 年の夏メイエ旧蔵
の書籍に挟まれていることが分かり、これを紹介・解説する機会がほかなら
ぬかれに訪れたのである。

　手紙は活字にして約 2 ページ、その後半がもっぱらアナグラムに関係して

いる。そこにはかれがアナグラム研究に手を染めたいきさつが手短に述べられ、後日送付する「ホメロス詩に関するノート」の内容について判断を仰ぎたいとしている。とくに目を惹くのは、その現実か空想か定かでない仮説について口外することのないよう再三念押ししている点である。そもそも原資料の公開が遅れた理由のひとつにこのソシュール本人の遺志があったと推測され、メイエがこの一通をべつに取り置いたのもその理由によると想像できそうである。

　空想はおくとして、アナグラム説をヤコブソンが一般言語学の立場からどう評価していたか点検してみると、かれにとってアナグラムはすこしも存在の疑わしいものではなくて、詩的言語に特有の彩りのひとつに他ならなかった。そのことは、この新説についてかれが最初に書いた文章の一節（Jakobson 1966, SW 4. 685）をこの紹介文に再び引いていることからも分かるが、さらに踏み込んで次のようにも付け加えている[6]。

　　詩的アナグラムはひとつの表現によって二重の意味を響かせる。これはシニフィアンとシニフィエとのコード化された紐帯を断ち切り、またシニフィアンの線条性にもとる、という二点で、ソシュール自からの樹てた人間言語に関する二つの原則を踏み破るものである

　ソシュールがいたずらに偶然か意図的かの判断にまよい、そのあげくこうした原則上の二律背反に陥った原因をヤコブソンは分野の未熟という点に置いている。かれによれば、一般言語学の分野では「講義」以前にもすぐれた研究がいくつかあり、目標を定めるための指針にこと欠かなかった。それに較べると、ソシュールのいうこの音声の詩学（poétique phonisante）はまったく前人未踏の分野で、ポリフォニックであることに加え、意味においても重層的・輻輳的な詩的言語の特質を理解するよすがは皆無であった。アナグラム法の

6　これは定義ではなく、ソシュールの言語学説に照らした解釈なので、この規定そのものはイポグラムのみならず各種の転義法やことば遊び——たとえば隠喩、換喩、反語法、回文、掛けことば、隠し題、ある種の略語など——にも当てはまる。

発見は、そうした詩的言語の研究における唯一の、孤絶した成果であった、とかれは述べる。当時もし自分の一般詩学があったなら、韻の重要性も、偶数回の音反復も、アナグラムの目的と機能もはっきり掴めたはずだ、とかれは言いたげである。

　現に、さきに触れたロシアのなぞなぞを例にとり、「識閾下の作意」という持論を持ちだしてかれは次のように書く。「詩的構造を創出し存続させるうえで、潜在的な、識閾下の作意 (l'intention latente, et subliminale) が決定的に重要であるという認識があったなら、隠蔽された伝統だの、注意深く守り通されてきた秘技だのといった仮説は不要であったに違いない」。

　しかし後でくわしく述べるように、ここでは「アナグラム」の解釈に決定的な違いが生じているのである。

　文章は、「不当にも、奇妙かつ不毛」とされてきた研究ノート全冊が編集され、出版されることを切望する」、ということばで終わっている。ここへきて、ソシュールのアナグラム研究の名誉回復が正式に行なわれた、と理解して良いけれども、残念ながらそれは正当な理由からではなかった。

§3.4　さまざまのアナグラム

　このように、ソシュールのいうアナグラム法はあくまで予想されうる仕組みの想像図に過ぎなかったせいで、さまざまの人たちによってこれに多様きわまる言語事象が比定される結果となった。また平行現象として、テクストに隠された人名を読み解こうとする試みや、テーマ語を構成する音声の場所的集中を署名や文体指標として重視する立場、音声の絶対的ないし相対的頻度から作品のテーマを割り出そうとする試み、その他、さまざまな立場が見られた。

　実際、これらを過ぎさった出来ごとと見なすのは尚早で、熱気は去ったかもしれないが、詩テクストにおける音編成と詩の内容、あるいは詩の主題との関わりはいまだに大きな追求対象でありつづけている。それだけでなく、情報処理の長足の進歩によって、音声ないし文字の反復や分布様態を大量かつ徹底的に洗いだす方法がいまやわれわれの手中にあり、この角度から、ス

82

タロバンスキの夢想した「散種説」を再構築しようとする試みも出ている (Sasso 2016)。つぎに、こうした諸説を取り上げ、それぞれの前提と振幅をたしかめておこう。

アナグラムに擬せられた言語事象はこれまでに取り上げた例だけでも十種に近いと思われる。大きくまとめて言えば、それらは詩的言語の一般特性である音編成と、表意機能を残しつつ語形をさまざまに加工する手法との二つの領域にまたがっている。ただ、ソシュールの予測と大きくずれる点は、かれが「アナグラム」を音声事象、音素の問題と捉えていたのに対して、後世がほとんどそこを気に留めなかったことである。ここには理論的な問題がいくつか絡んでくるが、しかしアナグラムを文字のレベルで捉えれば、ことは単に対立的な視点の選択というに止まらず、問題圏を聴覚記号から情報のはるかに複雑・広範な視覚記号へ移すことを意味し、そのぶん拡大解釈の可能性も大きくなる。

その先駆けは明らかにスタロバンスキにある。論集『言葉の下のことば』はつねにアナグラム説の解説・紹介の典拠とされ、かれが結論代わりに挙げた三つの例は、かれのアナグラム解釈の終着点をなすと同時に、その後の展開において参照すべき唯一の根拠となった。しかし、終始かれが「音素」という概念にこだわっていた割には、実例がその角度から充分に吟味されていたと言いにくい。

そこに引かれた例は次のようなものである。

(1) Tout **lu**i était sou**ci**, chagrin, b**l**essure
　　　　/ly...............si.................lə/
　　彼女にとりすべては悲嘆と心痛と侮辱だった

(2) Je sent**is** ma gorge **s**errée par la main **terri**ble de l'hystérie 〔再掲〕
　　　　/i.................s...........................tɛri/

(3) La mer, la mer toujours **recommencée**!
　　Ô **réco**m**pense** après une p**ensée** [...]
　　海、絶え間なく寄せくる海！おお、ひとつの思念の後の報い…

　最初の例（1）はシャトーブリアンの『回想録』（3.1）からで、リュシルを描写した辞句そのものにリュシルの名が潜められている、とスタロバンスキはいう。なるほどこれは当の名前を順になぞっており、しかも「二連音」の条件を充たしているように見える。しかし綴り字は同じく <le> でも実際の発音は blessure [-lɛ-] 〜 Lucile [-lə] で、やかましくいえば音声的には理想的なイポグラムをなしていない。音声という角度から見ればあとの例（2）がより理想に近いが、こちらはこちらで二連音の条件からかなり外れている。

　最後の例はヴァレリーの『海辺の墓地』（"Le Cimetière marin"）から採られている。これは前二者とだいぶ性格が違って、語句の隠しもつ別の語を（ほぼそのまま）裸出化して見せる語法である。ただし単純な語中成分でなくて幾分の変形をともない、また「隠す」という趣向が詩法として確立していない言語では、隠されたのかそれとも逆に顕れるのか二通りに受けとれるため、そのことがまた様々の解釈の種を提供する。たとえばリックス（Ricks 2003）が上のくだりを、波がしら（recommencée）が割れて二つの波（récompense, pensée）を生じるさまを模している、と受け取ったのもその一例といえよう。

　取りまとめていうと、これらスタロバンスキの挙げた 3 例は、音声（音素）のレベルに留まることを目指しつつ、[＋二連音] [＋正順] という特徴を具備した、ソシュールの用語でいえばイポグラムの実例を提示することに意を用いている。しかし同時にはっきりしていることは、これらの例が時代、表現媒体（音声かまたは文字）、連音条件、という側面から、本来のアナグラム概念をさまざまに緩めつつ、おそらく多大な労力と時間を費やして探し当てられたもので、その後の展開もふくめ、ここには敷衍・拡大の道筋がほとんどすべて出そろっているという事実である。

　まずデータのうえで、①古典語、古典詩から近代詩への時代的な敷衍がある。また、これはソシュール自身に始まったことであるが、②詩から散文への拡張があり、さらに、とくに根拠もなく、③音素から文字表記の領域へ踏み出している。実際、うえの 3 例はいずれも純粋に音声ないし音素上の問題として割りきることが難しく、どのばあいも音声と表記との両面がない交ぜになっている。

　このような条件緩和にはそれぞれ理論的な随伴があり、たとえば①、そし

84

て多分に②は、アナグラムが古典期に特有の詩法でなく、詩的言語に共通する凝縮された表現、稠密構造の一特徴であるということを含意している。もしそのような含意を避けようとすれば、たとえば古典修辞学における彩りの定義や規範のように、まず時代を超えて教条が継承されてきた経緯を詳らかにしなくてはなるまい。しかしこの事象について、そうした「外的証拠」がいっさい欠けているらしいことは既に見たとおりである。

　音素条件の緩和③も古典詩から離れることと連動している。ソシュールの扱った古典語に較べ、近代語のばあいには、むろん言語によって大きな差があるものの、音素と文字との一対一対応が破れるケースがはるかに多いので、要素順の入れ替えがあったりすると発音と表記との思わぬずれが生じうる。ギリシア語ではφ /ps/ やξ /ks/ など特定の字母、ラテン語ではギリシア文字の翻字にさいして用いられた二重字（たとえば ph /f/、th /t/）その他、関係してくるのはごく少数、特定の表記に限られているのに対し、たとえば英語だとこの種のずれは膨大な数にのぼる。そのため、たとえば listen は silent の綴り替えではあっても、その発音 [lisn] は [sailənt] の音声的かき混ぜではなく、同じような食い違いは可能なほかの綴り変え、たとえば inlets や enlist、tinsel などについても生じ、アルファベット6文字に少なくとも9音が対応している。

　しかし、見た目は韻を踏んでいるようでも発音の一致しない、たとえば love [ʌ] 〜 cove [əu] 〜 move [u:] のようないわゆる視覚韻が許容され、回文が文字遊びとして成立していることから分かるように、言語感覚が文字表記に深く根をおろしていることも疑いのない事実である。たとえば英詩における手法として旧来の意味でアナグラムとされているものは、その大多数が groan/organ、moor/room、rose/eros、sleek/keels、spot/stop、など、綴り字の並べ替えであって、音の並べ替えとしては必ずしも成立しない (cf. Ricks 2003)。スタロバンスキの証例が示唆しているのは、ソシュールの予想したアナグラムがそのようなものであったというより、文字表記は言語感覚だけでなく詩的発想の源でもあるという、系列の異なる事柄であろう[7]。

7　ここでは詳しく扱わないけれども、上記リックスの総説 (Ricks 2003) は英詩における発想

　ソシュールはシニフィアンの線的性質を規定して「時間の中でのみ展開する」("se déroule dans le temps seul")と述べた。しかし、もしアナグラム法がシニフィアンの断片化や構成要素の組変え、飛び越しなどによって成り立つのであれば、それは明らかに時間的秩序の「外に」あり、「いかなる線的な順序にも関わりなく作動する」事象として、理論的にいえばかれの立てた二つの基本原理と矛盾する。ヤコブソンの批判をまつまでもなく、ソシュールがそのことを自覚していなかったはずはなく、まさにその自己矛盾を解消するために、一方ではアナグラム法が空間記号である文字に結びつけられることを用心深く避けながら、線的な秩序にいわば便乗し、並走する、あの「二連音」という仮説をかれは編み出したのである。

　他方スタロバンスキは、ノートに盛られた内容を淡々と記述するだけで自身の判断を明らかにしていない。けれどもさきに指摘したように、事例の探索において明らかに［＋正順］という条件に固執した。その理由は、この条件をはずして要素順の入れ替えやかき混ぜを容認することは音素概念の空無化を意味し、ひいてはアナグラムを文字合わせや空理空論にみちびく、という危惧が働いていたからではないかという気がする。

　隠し題、アクロスティック詩など、ことばを隠す詩法についてはいくつかの系列をすでに検討した。ところがその実態に照らして考えると、音声中心の教条主義には現実にそぐわない側面が少なからず見受けられる。そもそもソシュールのアナグラム分析に音声言語が登場する場面はなく、かれのいう「音素」を文字どおり音声言語の基本要素と受け取ることは難しい。むしろ廃れた古典諸語を扱いながら、表記に反映されていない音声上の実態、たとえばラテン語における母音の長短などを念頭に置いていた、という程度に解釈すべきだと思われる。

　しかし音声言語が語彙的、あるいは構造的に多義に冒されることはしばしば起こりうるし、そこに裏の意味が隠されたり、うまく隠すことを目的とするさまざまの用法やことば遊びもあるので、音声現象としてのアナグラム法

　源としての綴り換え、「耳で聞くのではなくて見るもの」としてのアナグラムの豊富な例を紹介している。

が存在する可能性を全否定するわけには行かない。それゆえ以下では、音声と書記双方の可能性を念頭において、この「言葉を隠す」という技法の成立条件を整理してみることにする。

　まずもっとも肝要なのは、検知可能かどうかという点である。

　いまも述べたように、同音異義語、語中の有意味成分など、コード面における偶然が、運用上のやはり偶然によって露わになったり、自から意味を主張したりすることが現実には起こりうる。従って、多層的な意味が偶然でなく意図されたものであるときは、そのことを受け手に伝えるなにがしかの合図が不可欠になる。それには表情、声調、抑揚の調整、もし文字媒体であればタイトル、詞書き、特別な字体、その他、さまざまの手段が使われる。その種の役割を帯びたものとしてマヌカンの存在がもし立証できれば、アナグラム予想ははっきり現実味を帯びてくるであろう。しかし、聴覚的な音連鎖のなかにあって、不特定の語の両端2音がマヌカンとしてリアルタイムに検出可能だとはとうてい考えられず、もしアナグラム法が存在するとすれば、それにふさわしい在りかは、時間の制約がなく逆戻りや比較・照合の許される二次元空間、書記テクストではないかと思われる。すでに疑問を提起したように (本書 p.57 を参照)、同じ箇所で複数のアナグラムが重なり合ったとき、その聴き分けがはたして可能かどうか、という問題もある。

　第二点もやはり検出の可能性にかかわる。逆順やかき混ぜの例をいくつか見てきたが、その解読・復号は時間をかけてすら容易に運ぶとはかぎらず、たとえば和歌の隠し題や折り句の文字入れが[＋正順]という限定条件を越えなかったこと、もし越えるとしても逆順という最も単純なケースに限定されていたことにはやはりそれなりの理由がある。この条件をはずせば、復号不能に陥ったり、予期せぬ別語が出来あがったり、意味不通に陥ったりする危険が大きく、そもそも隠すという目的すら失われてしまう。また、テーマ語の冒頭と末尾だけを限定的に示すマヌカンが、並べ替えられた断片の前触れとなりうるというのも、理屈からいって奇異である。

　このように、アナグラム法を音声現象として扱おうとするといくつかの困難に出会うことになる。しかし、音声と表記を対立的に捉えず、従属関係をなすと考える立場もありうることをつけ添えておくべきであろう。たとえば

destroy の語中に含まれる 4 文字 r.o.s.e が音列 [rouz]〈薔薇〉として有意味化
されるとする説があるけれど（W. ブレイクの詩 "The Sick Rose" において）、
もしこれが正しいならば、そこでは文字が多値記号として多様な音声現象を
統括していると見ることができよう。おそらく文字と音声とのこのような複
雑対応を根拠に、サッソーは、アナグラムは書記と音声との双方に関係し、
たいてい二者が共に作動するので、書記の研究をもって音声面の研究を兼ね
ることが出来るとする立場をとっている (Sasso 2016)。

　しかし、スタロバンスキ以後のなりゆきは、方法論的な整合性よりも理論
の目新しさや射程のほうを重要視した。前にも見たとおり、アナグラム概念
を一般詩学や創作理論として借り受け、その応用域を各国の近・現代文学に
まで広げるという大規模なうねりが巻きおこった。そうした数々の試みは、
例外なく、ソシュールの挙げた第三のパタン、パラグラム（＝ c）の条件を［－
正順］［－集中］へ拡大解釈した地点でなり立っていると言える。その先例は
しかし、たとえばアナグラムの生起する範囲をはっきり絞りきれず、また
AN.OLORE 〜 LEONORA のような並べ替えをアナグラムの候補に挙げる
など、ソシュール自身の模索にもなかったとは言えない。

　これまで「なぞり」と呼んできたものも、テーマ語の断片化と要素のかき混
ぜや転位を前提としている。たとえば、ヤコブソンによるアナグラム探索に
おいて注目すべき成果として『イーゴリ遠征物語』やボードレールの「幽鬱」、
あるいはロシアなぞなぞの分析などがあった。これらはそれぞれ表現裏に作
品の主題の、いわば音声的な模倣を見出したものとして詩的言語の読解にお
ける具体的な成果であった。たとえそれが詩の文体論という別の系譜におい
て既に知られた現象であり、偶然アナグラム研究の視点と重なったにすぎな
いとしても、言語事実としては分割されたテーマ語の断片がテクスト上に順
不同に布置されたものを指す。

　したがって、これが［－正順］として特徴づけられるとして、もう一点見落
とすことが出来ないのは、ソシュールやスタロバンスキ、ヤコブソンなどが
取り上げてきたテーマ語の分散分布はたいてい一行内におさまり、〔＋集中〕
という一般特徴を備えていることである（例外はボードレールの「深淵」、第
二連で、分布範囲は 4 行にわたり、そのぶん説得力が低い）。この「一詩行」

という長さは単なる偶然の一致にすぎないけれども、「なぞり」をアナグラム式の音複合における新たな一型と見なすのであれば、しかるべき範囲の設定がいずれにせよ不可欠である。そうでなければ、事実上、「アルファベット24文字のもたらす偶然の仕業」との境界線はなくなる。

このようにパラグラムという範疇には、テーマ語を構成する要素の並び順と分布範囲とについて種々のバリエーションがありうる。しかし、いずれも要素の出現頻度を前提としておらず、求められる文字がそれぞれ一度でも生起すればそれで充分とされる。なぞりではこの条件がさらに緩和されて、ヤコブソンの挙げる例の多くはテーマ語が完全形として復元できることすら期待されておらず、そこそこ類似しているだけでこと足りる。

頻度という角度からいうと、リンチ／ハイムズの音素分析が数少ない高頻度モデルのひとつである。ほかに該当例を探すとすれば、テクストにおける字音の反復を頻度ごとにすべて列挙し、その密度パタンから意味と主題の核心 (semantic-thematic nucleus) を発見しようとするサッソーのアナグラム論 (Sasso 2016) がその候補のひとつである。音素分析が頻度に加えて表現および構造上の荷重を考慮するのに対し、かれの方法では頻度の高さだけをデータとする点で違いがあるけれども、両者とも[－集中]という立場からパラグラムに相当することがらを扱っている。しかしこれらは、統計的手法によってテーマの「発見」をめざす方法論上の実験であり、〔図表1〕の分類の枠外に立つべきものであろう。

こうして、「イポグラム仮説」の有効範囲を古典語、とくにラテン語の詩文に限定し、一旦これを詩的創造の本質と結びつけることを自制したスタロバンスキも (Op. cit., 153)、かれの取り上げた実例から見るかぎり、時代区分といい、文字の扱いといい、その具体的な理解という点では、みずからの否定したまさしくその地点に立っていたといえる。そして、著書『言葉の下のことば』は、その受容という角度からいえば、イポグラム仮説に関するこの節度ある結論とは裏腹に、かれ独自の拡張解釈に基づいて列挙した数例と、当人は打ち消したはずの傍白とがはるかに強い影響力を及ぼす結果となった。

第4章　アナグラム法の正体

§4.1　Q.E.D.

　ソシュールは古典詩のテクストに反復にもとづく作詩法が潜むらしいことに勘づき、執拗にその基本法則の解明につとめた。しかしすでに述べたとおり、その「長年の、不毛な探索」は途中で放棄されたために、かれのアナグラム研究はやがてスタロバンスキの祖述をつうじてさまざまの勝手な解釈に蝕まれ、一方では創造理論を開拓するのに恰好の着想として、他方では局所的な音声の綾として一般化・通俗化するに至った。

　しかしソシュールがこの研究を封印したのは、アナグラムの検出と真正判定の明確な基準がついに見いだせず、またこの作詩法に関する外的な証拠がいっさい発見できなかったからであった。

　他方ヤコブソンの唱える署名アナグラムについても、たとえその形跡がなくはなかったとしても、それが偶然の音の集中か語呂合わせか、あるいは意図的な仕掛けなのかを見分けるすべがなく、その点ではほとんどのケースが当て推量といって良かった。むろん、テクストの受容という角度からすれば、そうした勘の働きも、それはそれでひとつの視点として容認できなくはない。付け加えるまでもなく、クリステヴァやリファテールの創作論はアナグラム、あるいはイポグラムの名を借りた後発現象にすぎず、いずれにせよソシュールの予想したアナグラム法の正体は不明のまま残されることになった。

　しかし半世紀にわたるその後の停滞は、ウィリアム・ベラミーの『シェイクスピアの言語芸術』(*Shakespeare's Verbal Art,* 2015) によって打ち破られることになった。タイトルを見れば、この研究書がまえに言及したヤコブソンの論文、「〈恥ずべき放蕩三昧に精神を浪費すること〉におけるシェイクスピアの

言語芸術」(1970)に負うらしいことがまず目につく。実際この書名はヤコブ
ソンへのオマージュであるには相違ないけれども、内容はソシュールのアナ
グラム予想を検証可能な規則として定式化し、その予想が基本的に正しかっ
たことを証明したもので、負うところがあるとすればソシュール晩年の直感
にのみ負うている。

　すなわちベラミーは、ソシュールによる分析例を古典語および古典文学に
関する深い学殖をもって読み解き、詩文の表現の裏にキーワードないし年号
を見え隠れに潜ませる二種類の作法、いわゆるアナグラム法とクロノグラム
法[1]を明確な規則のかたちで復元しただけでなく、これらの運用にまつわる
古来の習俗と儀礼について大胆な仮説を提示した。かつてヤコブソンは、未
完に終わったソシュールのアナグラム研究を、「詩歌の言語研究に未曾有の眺
望をひらくもの」(Jakobson 1971)として称讃したけれど、この讃辞はより深
甚な意味でベラミーの業績にこそふさわしいと思われる。

　すなわちそこで明らかにされたのは、ホメロスの時代、あるいはおそらく
それ以前からルネサンス期まで続くテクストの二重性の伝統である。ベラ
ミーの説くところによれば、そこには、テクストの表（おもて）の表現に並行して真意、
禁句、誓言、その他を裏に潜めるための確立された表現法があった。表のこ
とばはアポロン神とミューズたちの管轄に属し、かたや裏のことばはヘルメ
スの司るところとしてあからさまに、つまり表のことばで言い現わすことが
禁じられていた。アナグラムに触れたメタ・テクストがいっさい欠如してい
るという事情には、そのようなしきたりの存在が作用しているとベラミーは
主張する。

1　本書ではクロノグラム法(chronogram)のことを扱わないが、ラテン語ではM, D, C, Lな
　どのアルファベットを記数法にも使用するので、これをテクストに潜ませて年号を記す暗
　号法があり、逆にまた、テクストを解釈するさいここに数字が隠されているかも知れない
　と見なされた。たとえば『ヨハネ』19：37「かれらは自分が刺し通した者を見るであろう」
　VIDebVnt In qVeM transfIXerVnt から、数字に当てられる字母（大文字にした箇所、ただ
　しIXは9でなく1＋10と読み解く）を合算して1533という数字を導き、これをこの世
　の終わりの年とする者があったという(Wheatley 1862: 5)。ベラミーによれば、ホラティ
　ウスはこの暗号法をアナグラム法とともに「沈黙の喩法」のひとつに数えている。ちなみに
　ギリシアにも数字を字母で表記する方式があった。

　この技法の発見を遅らせたもうひとつの原因は、アナグラムの埋め込みが
わざわざ「言語の偶然に似せて」(Bellamy 2015a) 行なわれ、ソシュールのこと
ばでいえば、あたかも、「アルファベット 24 文字のもたらす偶然の仕業」で
あるかのように作られているからであった。この伝統はギリシア、ローマ時
代の詩文から後期ラテン語、さらにはルネサンス期の各国文学にひそかに受
け継がれたが、啓蒙主義の時代、それぞれの国で現地語による文芸が成熟す
るにつれてしだいに廃れていった (Bellamy 2015b: 1)。

　べつの角度からいうと、啓蒙時代以前のテクストには表の、開かれた半面
に並行して裏の、隠された半面があり、従来の解釈はことごとく表面の意味
だけを情報源としてきたけれど、ようやくいま未知の、裏面の情報に目が届
くようになった、ということを意味する。

　さきに進む前にいちど問題を整理しておくと、アナグラム法は厳密にいえ
ば、多くの理論家たちが強く期待したような作詩法ではない。そうかといっ
て「沈黙の喩法」「見る綾」などの別名が思わせるような単なる言葉の綾ある
いは喩法でもなく、ましてや詩的機能のもたらす各種さまざまの音の集中や複
合体でもない。

　強いていえばそれは手の込んだ折り句、たとえばわが国の沓冠とあまり遠
くないところにある。一詩全体にわたる法式ではないものの、運びのルール
として特定の場所の、特定の数行を側面から支配する。その点は脚韻に似て
いるが、脚韻のばあい同韻語(いわゆる韻字)が、まずは定位置で同じ音形を
くり返すことによって律をきざみ、二次的に相互の語義や意味範疇の照応を
暗示するにとどまり、あくまで詩律の創造を主目的とするのに対し、アナグ
ラム法は文字の配置にルールを設けることによってテクストの表層から確実
に「第二の存在」を読み取らせる、すこぶる手の込んだ仕掛けである。結果と
して表と裏、二層のテクストを同時に発信するという点ではいわゆる掛けこ
とばに似ていなくもないが、しかし、掛けことばが多分に即興的で、意味の
多重性を合図し、その見落としをふせぐ装置を構造上なんら備えていないの
に対して、アナグラム法は第二のテクストを隠し入れるためのルール規定そ
のものであり、その受信と解読に習熟と時間が要求される点で質的にはまっ
たくの別物である。

§4.2　アナグラム法 (Anagrammatism)

　ベラミーの文章にアナグラム法の解明に至った具体的な契機は語られていない。しかし自からの導いた解をソシュールの材料によって説明・実証したくだりがあり (*Op. cit.,* 25f.)、謎が解きほぐされる最初の瞬間はもしやこの事例から訪れたのではなかったか、という気がする。

　しかしそれはソシュールその人のノートではなく、皮肉なことに、ノートに挟まれた葉書に記されていた例——メイエがホラティウス抒情詩集の「たまたま開けたページ」に発見したという「頌詩 IV. 2」である。この葉書のことは『言葉の下のことば』ではソシュールのアナグラム研究における余話の一部として取り上げられている (Starobinski 1971: 157)。葉書の文面には、「一体にp音が集中していて、ピンダロスとアントニウス ([Jullus] Antonius) の名前がない混ぜになっているのも驚きです」とあり、書き写された箇所には次のような表記上の区別がなされている。

　　Horace, Odes IV, 2 (*Pindarus* et Antoni)
　　　　Pindarum quisquis studet /*aemulari*, /
　　　　Iulle, ceratis ope Daedalea
　　　　NItitur *pin*Nis vitreo *da*tu*rus*
　　　　　Nomina p*onto.*
　　　ユルスよ、ピンダロスを真似ようとする者はみな
　　　ダイダロスの作る蝋塗りの翼で飛び立つが、
　　　やがて［イカロスのように墜落して］燦めく海に
　　　その名を残すはめになるだろう。

　表題につづく括弧の部分はメイエの書き入れである。かれは、ANTONIがテーマ語で、これと両端の文字の一致する aemulari〈真似る〉がひな型であると考えたらしく、イタリックで表記したこの語を斜線で囲み、3行目の NI も大文字にされている。しかし残念ながら実際にこの名が織り込まれている形跡はない。たしかに4行目 ₄Nomina の最後の a から始め、逆戻り

を許せばメイエの表記を尊重しつつ a.nto.NI を拾うことができ（ただし原文
p*onto* のイタリック 4 文字を ponto と 3 文字に訂正する）、ピンダロスについ
てはイタリックの箇所を追ってゆくと音節単位で *pin.da.rus* と読める。けれ
ども、単音の並んだ P.I.N. については 3 行目の *da*t*urus* に続けるべきものか
も知れないが、くわしい説明がなく判断がつかない。

　概してこれは、二連音の原則やアナグラム法の全体構造に対する目配りを
欠いた辻褄あわせで、単に音連鎖の反復や点在する単音を恣意的に拾ってい
るに過ぎず、アナグラムが「発見できた」というにはほど遠い。強いてメイエ
が間違っていなかった点を挙げるとすれば、詩人の鑑として持ち出されたピ
ンダロスがテーマとされているらしい、という当て込みだけである。しかし
メイエもソシュールも、そして重要な傍証としてこの葉書に言及したスタロ
バンスキも最後の一押し――この名のひな型をなすはずの ［P...s］ を探し、こ
れに当てはめて文面を読み返すという手順を怠った。

　丹念に調べてみると、まず ［**Pindarum quisquis**］ をひな型として、冒頭の
P-から始まり 3 行目の -RUS で終わる、次のような文字の配置が浮かび上がっ
てくる。

> ［Pindarum quisquis］ studet aemulari,　　　P
> Iulle, ceratis ope Daedalea,　　　　　　　　I
> Nititur pinnis vitreo DAtuRUS　　　　　　N.DA.RUS
> 　　Nomina ponto.

　これが第一の織り込みで、皮肉なことに、テーマ語はメイエが「p 音の集中」
として軽くあしらった PINDARUS のほうで、Antoni は関係していない[2]。

2　ちなみに上の織り込みは文字の配置が大文字 L の形をしていることから、いわば隠れた
　図形詩（carmen figuratum）の一種であるとベラミーは述べている。図形詩というのは一詩
　全体を酒杯や斧、聖書台などの形に相称的に割り付ける形式をいうが（cf. Puttenham 1589:
　91–101）、ここでは文字入れの箇所が、ある形を描き出しているように見えるのでそう呼
　んでいるのである。かれによれば、この種の技法の定型化したものとしては、ほかにも不
　等号「＞」の形に文字を入れる「メルクリウスの印形」があった。

　ところで、ひな型の冒頭は文字を提供する定位置であるが、提供すべき字
かずが幾つと決まっていた訳ではないようである。それゆえ、この箇所では
ひな型として［P…s］だけでなく［PIN…s］と 3 文字を拾う可能性もありうるこ
とが知られる。そう考えれば、同じく PINDARUS をテーマ語として、冒頭
の PIN- から始まる第二の織り込みを検出することができる。つまりこの頌
詩では一行目の同じ語句が二つの異なるひな型を提供し、そこから二種のア
ナグラム本体が分岐していることになる。

> ［PINdarum quisquis］studet aemulari, 　 PIN
>
> Iulle, ceratis ope DaedaleA, 　　　　　　 D.A
>
> NitituR pinnis vitreo daturUS 　　　　　　 R.US
>
> 　　Nomina ponto.

　思うに、ソシュールがマヌカン（ひな型）には数種あるとして、これをひ
とつの型に還元できなかった理由はまさにこの種の構造にあり、［P…s］と
［PIN…s］がどちらも正当かつ同等のマヌカンをなす——要するに頭尾原則さ
え充たされていればよく、文字の分配の仕方は無関連であるという一般化に
到達できなかったせいではなかろうか[3]。

　そして最後の締めくくりとして、この第一、第二のアナグラムの末尾に
PINnis vitreo DAtuRUS〈翼で［燦めく海に］身を投ずる〉という簡潔な織り込
みが現われる。メイエの目を引いたのはこの音列であったが、これこそソ
シュールが、「音節文字と介在音で構成された主座（locus princeps）」と呼んだも
のに当たるであろう。

　特筆すべきことは、ひな型、テーマの織り込み、主座という異なる三パタ
ンがすべて、

3　この［P…s］と［PIN…s］との見かけの違いは、ひな型と取り字とを同一視することから生じ
　　ており、これらが別物ではなく二つとも同一のひな型［P…s］をもち、最初の取り方にPと
　　PINとの二通りがあると考えることもできる。以下では区別がたやすく、表記のより簡素
　　な、二者別々のひな型であると見なす立場をとる。末尾の文字は終止符に当たり、提供文
　　字ではないので小文字で表記する。

■ 語頭かまたは語末の文字(群)だけを拾う

という、統一原理によって取り出せることである。ベラミーが、はたしてこの例をもとに「頭尾原則」を発見したかどうかは別にしても、この原則の発見こそアナグラム法解明の突破口であったことは疑う余地がない。

　ここでソシュールのために付け加えれば、かれもひな型(マヌカン)についてはこの原則のあることを見抜き、一語だけでなくたとえば[**Par est**]〈等しい〉のように数語にまたがるケースをも正しく予測していた。しかしおそらくは語句の前と後ろで何文字ずつ提供されるかにより別々のタイプに分かれると推測し、他方では、頭尾原則がマヌカン以外にも一律に当てはまることに気づかなかったのである。

　さて残る問題は、これら三様の織り込みによって構成されるアナグラムの構造式を確定することだけである。この暗号実装法を構成する部分は三つ、それぞれの部分の名称と作成法は次のとおりである。

　もう少しなじみやすい英語の例、シェイクスピアの「ソネット」7番の前半をもとにアナグラムの構成法をまとめてみる。

7

1 Loe in the Orient when the gracious light

　Lifts vp his burning head, each vnder eye

　Doth homage to his new-appearing sight,

　Seruing with lookes his sacred maiesty,

5 And having climbed the steep-vp heauenly hill,

　Resembling strong youth in his middle age,

　Yet mortall lookes adore his beauty still,

　Attending on his goulden pilgrimage [...]

ごらんなさい、東の空に荘厳な光を放つ太陽が

燃える頭をもたげると、地上の人々の目はすべて

新たに現われた姿を見て敬意を表し、

この聖なる王者に臣下としての礼を捧げます。

やがてけわしい天の丘を登りつめた太陽が
中年に達してなお若者に似た姿を見せると
人々の目はやはりその美しさを讃えてやまず、
天空を行く黄金の旅路につき従います。[…]　　　—小田島雄志訳

　読者の側からすればすべては謎解きである。この「ソネット」第7番を読み進めるとき、もしや5行目の $_5$heauenly がひな型ではないか、と直感したと仮定する。まず推論できるのは、これと同じく語頭と語尾が h- で始まり -y で終わることばがテーマとなるかも知れないという予測である。はたしてこの語がテーマを予告していたとしてもテーマ語が一意に決定できるわけではなく、頭尾原則のうえで $_5$heauenly と等価であれば、たとえば人名のばあい HARRY でも、HENRY、あるいは HORNBY でも候補になりうる。しかし試しにソネットの字面を追ってゆくと、HARRY は次行の Age までで頓挫する。けれども、HENRY ならば6行目に R（$_6$Resembling）、7行目に Y（$_7$beautY）があるので、$_5$heavenly を HEaveN|ly と読み解けば、ルール通りに綴り字のすべてを拾えることがわかる。のみならず、「ソネット」執筆にかかわるパトロン名とも符合する。こうして HENRY がテーマ語、文字入れを勘案すれば、これと heavenly とに共通する文字枠[HE...y]がひな型をなしている、という解に達する。残るのはソシュールの言う主座の検出であるが、これはひな型と延長型に較べかなり特殊なので後で詳しく述べる。
　アナグラム法は、つぎの三つを必須の構成要素とする。各部分に対する名称はホラティウス『詩の技法』、86行–118行にアナグラムとして組み込まれているとされた用語である。

1. まずひな型。アナグラム（anagramma figuratum）の存在と場所を知らせるために、その「標識」として、冒頭と末尾の文字がそれぞれテーマ語の語頭と語末の文字に対応する語句を置かなければならない。ホラティウスはこれをひな型（forma figuratum）と呼んでおり、ソシュールの発見したマヌカンがこれに相当する。

2. 二つ目の必須部分は延長型（figura extensa）と呼ばれるもので、上で見

た ₅HEaveN|ly、₆Resembling、₇his beautY のように各行にわたり順次
語の末端に布置された綴り字を指す。これはひな型の最初の文字(ない
し文字群)、いまのばあい ₅**heauenly** の HE- から始めて、後続する
語の冒頭かまたは末尾の文字(ないし文字群)を順に拾ってゆき、最
後は、ひな型の末尾の文字 -y を語尾にもつ語を以て終らなくてはな
らない。

　ホラティウスの「頌詩」IV に見られたように、同一の表現から複数
箇のひな型と延長型が導き出されることもある。また延長型が数行に
わたって続くときは、各行から少なくとも一字は提供される必要があ
り、空(から)の行があってはならない。うえの HENRY は 3 行にわたって
おり、空の行もなく、きちんと指定通りに作成されている。

　ちなみに、ソシュールはアナグラムが埋め込まれる範囲をはっきり
画定することができず、1 行から 50 行という幅で判断が揺れ動いて
いた(§2.3 を参照)。しかし文字を置くさいに「文字を提供できない、
空の行を原則的に禁じる」というこのルールがあるのであれば、延長
型の行数はテーマ語の字かずを越えない範囲に落ちつくことになる。
テーマ語はたいてい一語か二語、字かずからいえば短くて 2 文字、長
くても 10 文字ていどなので、その断片が延長型として散らばる範囲
は長くても 10 行そこらに収まる。

3.　アナグラム第三の構成要素は凝縮型(figura condensa)である。これはふ
つう延長型の始めかまたは終わりに置かれ、内容的にはっきりテー
マ語に関連すると同時に、その各構成文字を含む、比較的に簡潔な、
口にしやすい章句でなくてはならない。

　再び「ソネット」7 番に戻ると、その 6 行目、ひな型のすぐ後ろの
₆Resembling strong YoutH iN his middle agE が凝縮型をなしており、
これを構成する語の語頭もしくは語尾にテーマ語 HENRY の綴り字
すべてが含まれている。注目すべきことに、ホラティウスの頌詩では
凝縮形としてテーマ語 PINDARUS が正順で現われたが、この例では
HENRY が並べ替えられて RYHNE という無意味綴りになっている。
つまり、凝縮形については文字の並び順に制約が掛からず、かき混ぜ

98

や逆順、甚しい場合には複数のテーマ語を併わせた文字入れも許されるのである。ソシュールはこの部分を「主座」あるいは「並行形態」と呼び、[＋二連音]という前提はともかく、[±正順][＋集中]としてかなり正確にその形を捉えていた。かれが〈綴り変え〉との混同を厭わずアナグラムという語を使用した理由は正確には分からないが、すでに古典時代からこの名があったとすれば、その理由はおそらく凝縮形のこの特徴にあるのであろう。

ただし綴り変えが許容されるとすれば、少なくとも二つの重要な随伴が予想される。ひとつは、たとえば RYHNE のようにテーマ語の語形が崩されると、ひな型 [H...y] はもはやこれの標識としての効力を失うので、HENRY への復号が予め成立していることが前提になるという点である。

あとで見るように、アナグラムによる意味生成の契機は、テーマ語とその綴り字の配分された詩句との照応関係にあるので、いまの「ソネット」第7番でいえば、テーマ語の凝縮型を忍び込ませるには、〈中年に達してなお若者に似た姿を見せる〉というくだりは絶好の場所である。いうまでもなく、この意味情報を掬みとるためにも、かき混ぜられた RYHNE から HENRY への復号が予めなされている必要がある。

第二は、いわゆる「アナグラム遊び」と決定的な違いが生じる点である。遊びとしてのアナグラムは、ある語の綴り順を動かして「別の、意外な語をつくり出す」ところに面白さがある。しかし、アナグラム法の凝縮型のばあい、綴り変えにより、テーマとは別の有意味な語が成立することは即ちテーマの否定もしくは分裂であり、反則以外の何ものでもあるまい。

凝縮型はこのようにアナグラム全体にとっては一種の補助機構であり、これを延長型と照合することによって、当の文字入れが意図的なものであり、また復号が正しくなされたことを同時に確認することが出来る。

　ここから三要素それぞれの役割が明確になる。ひな型はテーマ語の輪郭と
延長形の置かれる範囲とを予告する。延長型は隠し入れられた文字列で、ひ
な型とこの延長型とのペアで暗号法としてのアナグラムは完結している。こ
れに対して凝縮型の役割は独特で、ひな型との相同性、テーマ語の正確な展
開が必ずしも必要とされず、アナグラム本体の近辺にあってその文字入れが
意図的であることを保証する「裏書き」のような役割をはたしている。凝縮型
にルール違反や破格が多いのはどうやらこの性格から来ているようである。
　念のため、以上の三つの規則によって作り出されるアナグラム法の仕組み
をまとめて表わすと次のようになる。以下では、[　　]でひな型（より精密
にはボールドにした部分）、縦線「｜」は復号のさいの分切箇所をしめす。拾
われる文字を大文字で表記する。

　　₅And hauing climbed the steepe-vp [**HE**aue**N**‖**y**] hill,　　*HE…N*
　　₆Resembling strong Yout**H** i**N** his middle ag**E**,　　　　　　*R*
　　R　　　　　Y　H　N　　　　　　E
　　₇Yet mortall eyes adore his beaut**Y** still,　　　　　　　*Y*
　　₈Attending on his goulden pilgrimage.

　すなわち表（おもて）のことばとしては一度も、どこにも明記されることがないにも
関わらず、その背後に HENRY という名前の輪郭が三種とりどりに透けて
見える仕組みになっているのである。

　　隠されたテーマ　　HENRY

　　　　　　　He...y　　　　　　　（ひな型）
　　　　　　HE...N...R...Y　　　　（延長型）
　　　　　　R...Y...H...N...E　　　　（凝縮型）

　このばあい、たとえば ₅heaue**N**‖**y** ではいわゆる語末でなくて語中で N が
拾われている。このように、語根と接辞、あるいは語幹と活用語尾との境界
で語を分切したり、₆R- 一字を延長型と凝縮型とで分け合ったり、複数個の

100

アナグラムが並行したり、あるいは空の行を挟む、など、規定が緩和されることも時に見受けられる。とくに字母の扱いについては数々の特例が認められていたらしく、たとえば英語のばあい次のような読み替えが見られる。

C → K、
J → I、
QU → C、
W → V (V)、
Z/X → S、その他

またギリシア字母ファイφの転写としては ph、p、f のいずれを用いても構わない。こうした許容の多くはラテン語の字母の変遷と、ギリシア文字からラテン文字への翻字慣習にからむ特例である。

しかしそれよりはるかに重要なことは、アナグラム法は基本的に音声の反復ではなくて綴り字の布置にかかわるので、成立当初のテクストを底本とし、作者の用いた綴り字法に従うことが必須であるという点である。正書法の統一や改革を経た、後世の綴り字に頼って正しく分析を行なうことは不可能である。たとえば上に見た「ソネット」第7番では、現在の正書法で "lo" に相当する語が "loe" と綴られていたが、発音上は新しい綴りで何ら支障がないとしても、頭尾原則からいうとこの二つは完全に別語で、たとえば "loe" は "love" や "Louise" と等価であるが "lo" はそうでない。

ともあれ、波紋の広がりのようなこの三段構造が他ならぬアナグラム法の基本型である。複雑で煩瑣なこの織り込みをつうじて、きわめて巧緻な意味の生成と発信の仕組みが生み出されることになる。

詩文に施される技巧として、これほど手の込んだものは韻律形式を除いてほかに例を見ない。テクストを造り出すさい、予め設けた条件によって用語の選択枠が形状面から限定されることになり、この点でアナグラム法は、語末の発音（もしくは字並び）の等しい語群から適語をえらぶ押韻プロセスといくぶん似ている。当初アナグラム法が韻律と並ぶ第二の作詩規範と見なされた理由はここにあるのではないかと想像されるが、しかし機能のうえでは両

者に共通点は全くない。脚韻の主目的は調べの形式美にあり、韻をふむ語と語の意味上の親和や対立、連関がある種の余情をかもし出すことはあっても、その効果を挙げるために押韻が存在するのではない。

　これに対してアナグラム法はテクストを多重的に発信するための仕掛け、もっと厳密にいえば詩文のテクストにコードを忍び込ませる方式である。その狙いは、テーマ語をこの三段構造に織り込むことによって、当のテーマ語と、そのテーマ語が組込まれた詩句の内容とを読み手が等号で結ぶよう仕向けることにある。これは、記号の最も単純な文法、A・B二者の「併置」にもとづく基本的かつ中心的な意味の生成法であり、その意味づけが、テクスト表面ではどこにも明言されることなく、ゴデルの言うように「字面の下に隠されて」、ルールを知る受信者だけに側面的に伝えられるのである。

　付け加えておくと、ベラミーはホラティウスの『詩の技法』には、沈黙の喩法としてアナグラムのほかに、記数法（クロノグラム）、同語尾反復（homoioteleuton）、破格語法（soloecismus）、それに表現の病い（vitium）などが織り込まれているとしている。総じてこの括り方は伝統的な喩法の分類から見て異例であり、ごく単純な綾である同語尾反復がここに含められているのはさらに不審である。

　翻ってアナグラム関連の用語を点検してみると、アナグラム全体はいま見たように「喩法」（tropus）のひとつに数えられているものの、それを構成する各要素は「綾」（figura）という別語を使って命名されている。古典修辞学は、ことばの彩り（ornatus）を意味に関わるものと形に関わるものとに大別し、それぞれにおける技巧性をこの喩法と綾という二つの部類のもとに網羅してゆく、という理論構造を備えていた（言うまでもなく、学としての成立過程はその逆である）。そこから考えると、この奇妙な用語の使い分けは、もしかすると、アナグラム法は全体から見れば言外のコードを発信する装置であるが、その働きは三層それぞれにおける形態面での操作、すなわち文字入れを主眼とした語の選択によって達成される、という判断を反映しているのかも知れない。

　この点についてベラミーは、たとえば同じ活用語尾をみだりに反復すると予期せず不要な意味が絡んでくることがある、それゆえ破格語法や不用意な

表現の危険とともに、喩法の同類としてアナグラムがこの箇所で取り上げられているのだと解釈している (2015b: 93；実例は後出)。詩を実作する立場から、表現につい忍び込んでくる意図しない意味、いいかえれば「語弊」の分類が行なわれているのだと解釈すれば理解できなくはない。

アナグラム法の機能はというと、「ソネット」7番からの例はシェイクスピアが『ソネット集』を執筆したときのパトロン、Henry (Wriothesley) の名前が織り込まれたケースなので、賞賛を主目的として、表現に潜められた次の、三種のへつらいが側面的に伝えられていると解釈できる。

Henry *is **heauenly***

Henry: *hauing climbed the steepe-vp heauenly hill,/**Resembling strong youth in his middle age,/Yet mortal eyes adore his beauty** still*

Henry: **resembling strong youth in his middle age**

念のためにベラミーの説く三段アナグラムを定式化すると、それはソシュールの予測したような、二連音を基本とする種々の反復タイプとしてではなくて、むしろ構成部分に関する次のような、互いに異なる織り込みの重層構造であることがはっきりする。ただし、アナグラムがもっぱら文字表記にかかわり、また、ソシュールの〔±二連音〕に代わるべき〔頭尾原則〕は一般条件として三要素すべての文字入れに共通しているので、下の表では特に表記しない。

図表 2　標準的アナグラム法の構成

構 成 要 素	テーマ語との相同性	正順	集中	位置
ひな型 forma figuratum	両端のみ	＋	＋	開始部
延長型 figura extensa	文字列全体	＋	－	開始部から各行
凝縮型 figura condensa	構成文字群	±	＋	延長型の冒頭か後ろ

これが標準的なアナグラムの構造と規格である。

しかしすべてのアナグラムが型どおりであるとは限らず、標準形といくぶん違う構成も観察される。文字の織り込みはアルファベットのばあい読み順に従って左から右、上の行から下の行に向けて行なわれるが、逆さ読み、つ

まり下の行から始めて左に進み、さらに視点を上へ誘導してゆく置き字もあり、ベラミーによれば、これは君主を仰ぎ見る行為の表象としておもに「崇敬アナグラム」(honorific anagram) と呼ぶべきものに限られていた。

　一例を挙げると、たとえばベン・ジョンソンの八行詩、「不死鳥を解き明せば」("The Phœnix Analysde") の前半にちょうどそのような逆向きの置き字を見ることができる (Bellamy 2015a ; Grosart 1878: 194)。

　　　The Phœnix Analysde

　　　Now, after all, let no man
　　　　Receiue it for a *Fable*,
　　　　If A *Bird* So [**a**mIabL**E**],　　　ASILE
　　　Do turne into a Woman.
　　　ともあれ何人にも　おとぎ話と思わせてはならぬ
　　　こうも愛くるしい鳥が、いまや女性に変身したとしても

　第 3 行目、₃*A Bird So* amI-ab*LE* に現れる語の語頭もしくは語末の文字——ただし amiable を語幹と接辞との二つの部分からなると見なす——を拾ってゆくと ASILE という綴りが現われる。行末の amiable という語の両端は [a...e] という字並びなので、ASILE はこれをひな型としたアナグラムの延長型であると考えたいが、そもそもこの文字列は無意味であるうえ、これがひな型の後ろでなく前に向かって展開している点も不自然である。その真の意味を理解するには普通とは逆向きのひな型 [a...E]、つまり末尾の文字 E から始めて逆戻り、昇り順にテーマの織り込まれた儀礼的な方式の存在を知る必要がある。ベラミーによれば、その読み方は下の行に現れる turne〈向きを変える〉という語によっても示唆されているという。

　そのとおり ASILE が倒語であると受けとると ELISA という本来の名が浮かび上がり、「こうも愛くるしい鳥が、いまや女性に変身する」という表の意味が、暗示された固有名 Elisa のせいで予想外の内容をもって具体化される。つまり、これは時の女王、エリザベス一世の名前を織り込んだ特別なアナグ

ラムであるということになる。

　つけ加えておくと、ひな型は［amiablE］、延長型は *A Bird So* am*I*-ab*LE* であるとして、三段アナグラムを構成すべきもうひとつの要素、凝縮型が見当らない。その点でこれは不完全なアナグラムである。しかし、このテクストを逆向きにしたとき最終行に当たる表題の Analysde に ALYS.E という文字列が含まれており、不連続な箇所を含むもののこれが ELYSA の並べ替えであることに留意すべきであろう。

　むろんこれは一語内の文字列なので頭尾原則から明らかに外れており、「簡潔な、口にしやすい章句」に組み込まれるという凝縮型の規定にも合致しているとは言いにくい。けれども、それを承知で述べると、この八行詩の収められた『愛の殉教者』(*Loves Martyr*, 1601)[4] という詩集はロバート・チェスターなる謎めいた人物の編集にかかり、かれ自身の書いた長大な対話詩と詩篇のうしろに、不釣り合いにもシェイクスピア、チャプマン、ジョンソン、マーストンなど、当代一流の詩人たちの作品が収録された冊子である。そして当の Analysde という語はジョンソンの詩の直前、チャプマンの「ペリステロス：雄の雉子鳩」(*"Peristeros: or the male Turtle"*) に "She was to him th' *Analisde* World of pleasure"（〈かのひとは、彼にとっては解き明かされた悦楽の世界であった〉、綴りは原文のまま）として使われており、歌論でいう「主あることば」に当たる。これへの間テクスト的な挨拶が籠められていると見れば、表題そのものが凝縮型の代わりをつとめていると考えることもそう突飛ではないはずである。

　ちなみに、シェイクスピアの「ソネット」第127番には女王エリザベスと女官エリザベス・ヴィア (Vere) のアナグラムが見いだされるけれども、女王のひな型はかならず HTEBAZILE（あるいは ANIGER）と逆向きに配され、女

4　この詩集は *Loves Martyr: or Rosalins Complaint. Allegorically shadowing the truth of Love, in the constant Fate of the Phœnix and Turtle.*『愛の犠牲者：ロザリンの嘆き。世々の不死鳥と雉子鳩の運命に見えたる愛の真実を寓意にて詳らかにする長詩』という長たらしい表題をもち、イタリア詩からの翻訳に擬せられている。しかし、原典らしいものは知られておらず、本文にロサリンという名の女性も登場しない。この本編と付録とは唯一「不死鳥と雉子鳩」という象徴表現だけでつながっている。

官のほうは降り順に VERE と綴られていて誤解が起こることはない (Bellamy 2015b: 344–345)[5]。こうして崇敬アナグラムでは〔図表 2〕の〔正順〕かどうかに関わる符号が、結果として、ひな型と延長型において逆に変わることになる。

　つけ加えておくと、崇敬アナグラムは昇り順の織り込みだけに限られず、ホラティウスの「頌詩」IV に見られたピンダロスのケースのように (§4.2)、二筋の延長型をもつタイプもそのひとつとされる。

§4.3　解読まで

　論著の脚注その他に現われたベラミーの間接的な証言から推しはかると、かれはアナグラム法の解明にほぼ十年の歳月をかけ、2007 年の段階で、①啓蒙時代以前のテクストの背後にもうひとつ別の意味の層があり、②アナグラムが至るところに隠されているという確信を得て、ついには、③このアナグラムを作成し詩行に織り込むさいの種々の決まりを解き明かしていたようである。

　先に触れた、ベン・ジョンソン (Ben Jonson 1572–1637) およびかれと同時代の詩人たちの作品を扱った論文で、その発見のあらましが具体的に解説されており (Bellamy 2015a)、もう一方の、アナグラムの技法を主題としたシェイクスピア論では、かれの発見の内容と理論づけ、およびこれに基づくシェイクスピア作品の解釈上の達成がくわしく扱われている (Bellamy 2015b)。二つの論著は同じ年に公刊されており随所に記述の一致も見受けられるが、シェイクスピア論が、行きとどいた論証と整備された用語をもつ詳細な論述となっているのに対して、前者はまだ仮説の提示と立証に力を入れており、用語と内容両面から見て二著の間には大きな時間差が感じられる。ジョンソン論を先行作と見なして間違いないと思われる。

　アナグラム法を解明するうえでベラミーが鍵としたものは三つある――ひ

5　念のため付記すると、127 番 2 行目の $_2$Or if it *were it bore* not beauty's name〔[美しいと]思われたとしても美の名では呼ばれなかった〕のイタリックの箇所を [VverE it boRE] と解析する。

とつは言うまでもなくスタロバンスキによるソシュール・ノートからの抜粋、それにホラティウス (Quintus Horatius Flaccus, BC.65-BC.8) の『詩の技法』(*Ars poetica*) にアナグラムとして隠された情報、そして最後に、古代ギリシアの『ホメロス風讃歌』のひとつ、「ヘルメスへの讃歌」に籠められた寓意である。

　すべての鍵は誰の目にも触れるところにあったといえる。しかし、『詩の技法』に隠された諸々のアナグラムを判読するには確立された解法が前提となるので、あるいはソシュール・ノートに遺された分析データの、いっそう精密な解析が大きな鍵であった、と言い換えたほうが正しいかも知れない。ベラミー自身のことばを借りると、突破口が開けたのは、「ソシュール未完の仕事からアナグラム作成の諸規則を推定し、これらをギリシア語、ラテン語、イタリア語、フランス語、英語などの多種多様なテクストに当てはめて検証する作業から」(Bellamy 2015b: 5; 17)、であった。

　つまりかれは、ソシュールが直感したものの正体を一から出直して突き止めにかかる、いわば正道に戻ったのである。定義用語を生かじりにして対象を憶測するという、評論じみた方法によるのでなく、アナグラム法の痕跡と見なされたさまざまの手掛かり、とりわけソシュールが確実に存在すると信じた構成要素「ひな型」と「主座」を基点にして、その作成規則とアナグラム法の全体像を解き明かそうとし、そして私見では、かれは見事それに成功した。

　結果として判明したことは、ソシュールの過ちは大きくいって二つ、どちらもアナグラム法の単位の認定に関係している。

　すなわちアナグラム法は第一義的には音声にいっさい関係せず、むしろ図形詩やある種の見せ消ちのような「見る綾」、つまりは文字表記にかかわる字並びの問題である。それゆえ、たとえばソシュールが拘った、ラテン語の母音の長短、あるいはギリシア字母φの転写 ph を /p/ として扱うか /f/ とするかなどを原則的に問う必要はすこしもなく、ただ字面を目で追うだけでよい。英語のように文字と発音との隔たりが激しいばあいでも、たとえば字母 a が数ある発音、[ei、æ、a:] その他のどれに当たるかは無関係で、要は a という文字が置かれているだけで充分なのである。英語、ドイツ語あるいはフランス語の二重文字 ch ではどちらの字母も発音には対応していないが、アナグラム法では 2 字ともに同等・不可欠の構成要素となる。

　前にも述べたようにソシュールはアナグラム研究のなかで「音素」という用語をくり返し使用しており、文字論にもとづく用語設定、文献学的なアプローチなど、各種の不徹底を残しながらも、「ホメロスの詩やインド・ヨーロッパ古代の詩に文字の問題を絡ませる気はない」と揚言した。かれの理論からすれば、この主張を固守するほかに途がないことはすでに検証したとおりである（§2.2）。他方、おそらく 1950 年代の音素論の展開が脳裏に染みついていたはずのスタロバンスキは、この「音素」という概念にいっそう強く固執した。ソシュールの先進的な音韻論を知るかれにとって、音素 (phonème) という用語と、造語成分としてかつて多用され、二連音 (diphone) という重要語にも現れる -phone〈単音〉は、構造言語学の一連の術語として受け取るほかに選択肢がなかったのかも知れない。

　アナグラム法はこのように音声のレベルで捉えられ、音声のレベルで定式化されてきた。ある箇所でソシュールは、わずか数行のうちに複数箇のアナグラムが潜むらしいことを指摘しており、われわれは聴き分けの可能性という点から大いにこれを疑問視したけれども、しかしベラミー (*Op. cit.,* 282) のいうように、アナグラムがもし、「読み、読み返し、書き抜き、もういちど読む」(read, re-read, exscribe, and read again) べきものであるなら、疑問は一挙に氷解する。予想に違わず、アナグラム法にふさわしい在りかは書記言語である。

　ソシュールのもうひとつの誤りは、かれが仮説の前提とした二連音という最小単位、さらには三連音 (triphone) その他、二連音を基底とする各種の複合単位であった。これらはテクストに散りばめられてテーマ語の聴覚イメージを形成する基本要素として設定されたが、いずれもアナグラム法にとって無用かつ無関係であることが明らかにされた。肝心なことは、アナグラム法に関係するのは「定位置に立つ文字（あるいは文字群）」であって、分解できない二連音をもとにして「二連音＋x」というふうに字かずによって単位が規定されていた訳では全くない。ベラミーは、ホラティウスの「諷刺詩Ⅵ」の冒頭の一節、Hoc erat in votis〈これこそわが宿願であった〉を例にとって、ソシュールの解釈を次のように批判している (Bellamy 2015b: 27–28)。

　Hoc erat in votiS と HoratiuS との取り合わせは（HoratiuS と次行の HortuS

〈農園〉もそうである）、いずれも語頭と語末の文字が一致する例であって、この種の、高い表現効果を秘めた語形どうしの一致は、ギリシア・ローマの伝統的な文芸文化においては習慣的に利用される特徴のひとつをなしていた。

　もし書記記号のうえで HORATIVS (HOc eRAT In VotiS) という名前がはっきり綴られていたとしても、ソシュールはそれが言葉の偶然か、純粋に音素からできたイポグラムの副産物に過ぎないと主張するに違いない。しかし逆に我々は、それとは正反対の観点をとって、三段からなるアナグラムそれぞれの構成部分は、アルファベットの個々の字母を綴り合わせた、一目でそれと分かる織り込みであると考える。

　文字を織り込む「定位置」とはこのように、《語頭ないし語末》ということである。和歌の沓冠と同じく、ここでもコードの前後両端を特別視する頭尾原則 (acrosticism) が働いているのである。

　両論を比較してみよう。はたして HOc eRAT In VotiS のようにホラティウスの名が読みとれるとしたばあい、なるほど HO- と -RA+T はソシュールの二連音、許容される三連音の定義に合致しているけれども、単音、I-、V-、-S の３文字ははっきりした理由づけなしに拾わなくてはならない。不連続の単音について狭義の「アナグラム」（＝ b）という範疇が設定された理由はおそらくこのような所にあったと考えられるが、そもそもいかなる場合に単音を拾うことが出来るのか、その根拠は示されなかった。しかし、文字入れの定位置が語の前後両端であると考えれば、上の４語におけるすべての置き字を統一的に説明することができ、正解と不正解との分かれ目がここにあることは明白である。

　詩行の冒頭や、ときには末尾に文字を隠し入れるアクロスティク詩（折り句）の歴史は非常に古く、紀元前 10 世紀にさかのぼるとされている (Fowler 2007)。他方アナグラム法では、行でなく「語句」の冒頭または末尾の文字を点綴することによって「二次的な存在」が構成され、したがってその構成要素はテクストの随所に生起の場をもつことになる。

　文字入れに使われるのは子音・母音とり混ぜてたいてい１字か２字ずつ、

ベラミーによるシェイクスピアの『ソネット集』の分析では、定冠詞 **the** や **all** の 3 文字、すなわち語全体が拾われているケースがあり、**neuer**（現代英語の never）、や **shall**、**lain**.e（現代英語の lain、lie〈横たわる〉の過去分詞）では一語が 3 文字、4 文字、あるいは **glutton**.y〈暴飲暴食〉に至っては 7 文字を提供しているが、語の中心部から文字が拾われることは規則上ありえない。

　しかしそのほかの点についてソシュールの予測はおおむね正しく、これは恐るべき直感力としか言いようがない。ギリシア、ローマの詩文の読み手としても、かれは比類のない鋭敏さを発揮したのである。

　ソシュールは、アナグラムに少なくとも三つの構成部分、すなわち、おそらく数種類からなる「ひな型」、音節表記とひな型の組み合わされた「主座」、それに、テーマ語の成分がより広範囲に分散したパラグラム（ないしアナグラム本体）、が関係しているらしいというところまで問題を絞り込んでいた。そうしていながら、二連音という誤った前提のせいで、アナグラム法を構成するのがこれら三要素に限られるという事実を見極められず、結果として三者それぞれの作成ルールを定式化することができずに終わった。

　実際には、この三者一体のまとまりこそホラティウスの述べている「沈黙の喩法」(tropi silentes) のひとつ「アナグラム法」にほかならず、ベラミーの評価によればそれの「音声的な痕跡」に気づいた点がソシュール不朽の功績であった(Bellamy 2015b: 17)。

　この評価はいかにも限定的であるが、実際アナグラムの作成ルールをソシュールが解き明かせなかったことは事実である。それに加えて、外的な証拠の欠如もかれの挫折の大きな要因となった形跡がある (§4.1)。現在でも作成法が伝承された形跡、あるいはアナグラム法に言及したメタ・テクストの欠除という状況は少しも変わっていないが、ベラミーはこの不可解な事実についても、ソシュールによる「タブー説」を修正・補足するかたちで新説を唱えている。すなわちソシュールは、神名やパトロンの名を秘する必要からアナグラム法についてタブーが生じたのではないか、と考えていた。これに対してベラミーは、ギリシア・ローマ時代から中世までの詩文を見れば、古くから言葉と文字の管轄は別々の神格に割り振られていたことが分かる、と述べる。すなわち、アポロンとムーサたちが詩人の言葉を司り、他方、文字（群）

を並べ替えてアナグラムの形でものごとを告知するのはヘルメスのわざとされており、文字に関するこの相異なる権能は、ホメロス風讃歌の「ヘルメスへの讃歌」——成立は紀元前7世紀ごろ——において、ヘルメスがアポロンの牛を盗んで隠す行為として寓意的に語られているとする（Bellamy 2015b: 37）。

　「ヘルメスへの讃歌」というのは、ゼウスがマイアに密かに産ませた子ヘルメスが、生まれた日の夕べ揺りかごを抜け出してアポロンの飼い牛50頭を盗み、犯行の隠蔽に驚くべき奸智を発揮するさまを叙した長詩である。疑いを抱いたアポロンにいくら詰問されてもかれは狡猾に言い逃れて罪をみとめず、結局ふたりはゼウスの取りなしを得て、ようやく和解にいたる。友情の徴しとしてヘルメスはアポロンに自分の考案した亀甲の竪琴を贈り、アポロンのほうはヘルメスの詩才と美事な吟唱に感服して盗まれた牛の群をゆずる。

　ベラミーの着想は、この盗み出された牛というのが神話的寓意の形でアルファベットについて述べていると解釈することである。おそらくこの発想は、ヘルメスが一説では文字を司る神とされており、加えて字母アルファ（α）が牛の頭部を象った絵文字に由来するといった辺りから出たものであろう。しかし、もしそのように解釈できるとすれば、讃歌のハイライトをなす、〈牛を後ろ向きに歩かせて行き先をごまかす〉、〈隠蔽の現場を目撃した老人に口止めをする〉、という二つのモチーフは、同時に、アナグラム法に言い及んでいるとも読むことができる。

　タブー説とは違ってこの寓意的解釈は、アナグラム法に関するメタテクストの欠如が故事に溯る、という仮説につながる。すなわち、詩の表の表現はアポロンの，裏に隠された言葉はヘルメスの権能に属するという伝承がそこに作用したと見なし、その淵源を「ヘルメスへの讃歌」に置くのである。これはあくまで仮説であり、隠された言葉がヘルメスの権能に属する、という神話的認識の実効性を想定しているに過ぎないが、ベラミーはさらに一歩進めて、解読したアナグラムの内容をもとに、アナグラム法はヘルメスの司る裏の意味を表示する方法であり、隠された次元のことがらにあからさまに言及することは禁じられており、アナグラムについてはアナグラムを以て語らな

くてはならなかった、という、より強い「タブー説」にまで踏み込んでいる（*Op. cit.* 36）。そこに至る解読と推論については後で触れる（§5.1）。

§4.4　ソシュールの到達点

　ここで改めてソシュールによる分析例を見直してみると（Starobinski 1971: 80–82; 本書、38 ページを参照）、ひな型とテーマ語の輪郭が一致する、という発見はおそらくアナグラム予想の発端であったと思われ、両者の間で始めと終わりの音声が共通するらしいことが正しく予測されていた。たとえばルクレチウス、『物の本性について』を分析した箇所でソシュールは、アプロディテーのひな型となりうる音形［A...E］を備えた語をいくつか拾い出し、その近辺にアナグラムが潜んでいるかどうかを精査しているが、そのなかにあって［AdventumqvE］はまさしく後続するアナグラムのひな型をなしていることが確かめられる。テクスト原文によれば、出だしの $_6$A から始まり $_{12}$TE で終わる 6 行にまさしく延長型 AFRODITE が埋め込まれ、そしてその末尾 12 行目には〈空とぶ鳥は、最初に声を上げて、女神よ、あなたを〉という、凝縮形を置くのににふさわしい位置に $_{12}$APR< >DITE の名が埋められている形跡がある。

$_6$Te, dea, te fugiunt uenti, te nubila caeli

[**A**duentumqu**e**] tuum, tibi suauis daedala tellus　　A

summittit Flores, tibi Rident aequora ponti　　F.R

placatumque nitet diffus**O** lumine caelum.　　O

$_{10}$nam simul ac species patefactast uerna DIei　　DI

et reserata uiget genitabilis aura fauoni,

Aeriae PRimum uolucres TE, DIua, TuumquE　　TE

A　　PR　　< >　　DI　　T　　E

significant initum perculsae corda tua ui.

あなたのみ前から、女神よ、すさぶ風は逃げ去り、

あなたが来られれば空の雲も姿をかくす。

112

巧みな大地が香しい花を咲かせるのもあなたのため、
あなたのために海の波は笑い、空も和らいで
燦々と光をふりそそぐ。さて春の日が顔を見せ
いのちを育む薫風が解き放たれるや
空とぶ鳥は、最初に声を上げて、女神よ、あなたを
あなたの到来を告げる、あなたの力に心打たれて。

（W.E. Leonard 訳から重訳）

　ただし求められる字母 O は、提供元となるべき語 uolucres〈飛ぶ鳥〉の定位置に見当らない。可能性としては、原則に従って語頭の音節 uo を拾い *Apruodite という近似表記で足れりとするか、あるいは o 以下をすべて語末とみなす以外に方法はないが、ベラミー（Bellamy 2015b: 35）は、この行には綴りの正しい凝縮型 APRODITE に加え、作者名の LUCRETIUS が織り交ぜられていると見て u|OLUCRES と分切し O を確保している。

12 Aeriae PRImum uOLUCRES Te, DIua, TUumquE

APRODITE; ILUCRESTU

　新たに文字入れ原則を追加し、単独の、かきまぜ署名アナグラムが存在すると主張するのはいかにも唐突で明らかにアナグラム法の範囲を超えているが、その点を別にすれば、これは明快な解釈であるには違いない。前に述べたように、凝縮形の基本的な役割がもし織り込みの意図性を裏書きすることにあるならば、テーマ語をなぞる以外の方法が許されても良いはずである。かれはまた、延長型の置かれた範囲は、女神への呼びかけ 6Te, dea … 12Te, diva という囲み表現によって明示されていることを付記している。
　再三述べたように、アナグラム法に少なくとも三種類の構成要素があるらしいことをソシュールは正しく予測していた。しかし二連音＋x という着想にこだわり、惜しむべきことに、三要素すべての織り込みが同じ原則をもとに語頭ないし語末に対して行なわれる、という点に目が届かなかった。このつまづきが、かれの行なった分析の手順にも肝心なところで影響した形跡が

いくつかある。ひな型の冒頭音を起点としてその続きを点検するだけでなく、そこから前に遡って構成音を拾うところ、単音の恣意的な扱い、そしてさらに、テーマ語と共通ないし近似した音列があると、これらをことごとくテーマ語の確実な聴き取りに向けた耳慣らしであると見なしたところ、などがそれである。

　念のために、上例をソシュールがどう分析したか点検してみると、二連音の $_{12}$TE や $_{12}$DI はむろん正しく拾われているが、-IT-（$_8$summITtIT）、DI-（$_9$DIffuso）など無関連の文字列も数多く置き字と見なされている。Ā.F（$_6$deĀ tē Fugiunt）2 文字は正しく語尾と語頭から拾われているものの、明らかにそれは頭尾原則にもとづく選択ではなくて AFRODITE という綴りに合わせるため無関連の語から恣意的に、しかも二連音でなく単音を拾っただけにすぎない。FRŌ- に至っては原文の $_8$flōrēs を FRōrēs に読み替えて、むりやりテーマ語の形に合わせようとした形跡がある。しかし最大の難点は、くり返しいうように、関与的な音声（文字）、とくに単音の検出が無原則で、単なる文字合わせに陥っている点である。溯れば、その原因はまたしても二連音という前提にあり、これのせいで単音の分布は明確に規定できなかったのである。アナグラムの在りかとして目を付けた場所はそう大きく間違っていないが、当然ながら、延長型と凝縮型の割り出しには成功していない（*Op. cit.* 82f.）。

　この分析例を見ても、明らかに二連音＋ x という大前提が文字入れの定位置を見逃させ、正しい分析を阻んでいることが分かる。ひな型が語句の両端の音ないし音列からなることに気付きながら、ほかの構成部分、延長型と凝縮型もやはり同じ原則にもとづくことをなぜかれが見逃したのか理解に苦しむ。想像するに、かれが二連音に基づくイポグラムをこの技法の理想型と解釈したのは、ひな型の典型が語句の両端 2 音からなる、という発見を誤って一般化したせいではあるまいか。そのために、イポグラム仮説の中核をなす用語 diphone の意味として、〈二連音〉と〈両端 2 音〉とが未分化のまま残り、正解が目の前にあったにもかかわらず、その発見が妨げられたとしか考えようがない（本書 38 ページの分析例を参照）。

　何度か触れたように、スタロバンスキはソシュールのアナグラム説における一連の、中心的な観察項目をさして「イポグラム仮説」と総称していた。し

かしベラミーによって二連音という大前提の誤りが明らかにされたいま、〔＋正順〕、〔＋二連音〕という二特性によって規定されるイポグラムの概念は完全に空無化し、「イポグラム仮説」という呼び方じたい著しく不適切なものとなる。ソシュールが存在を予告した当の事象は、実際には三層からなる字なぞ、アナグラム法であった。この新たな視点からすると、ソシュールの予見は、より適切には、「イポグラム仮説」ではなくて「アナグラム予想」と呼ばれるべきものであったといえる。ベラミーの功績は、一言でいえば、この改称が不可欠であることを事実をもって立証したことにある。

第5章　アナグラム法の起源と継承

§5.1　不立文字

　言語的に見ると、アナグラムの作成に関してまず目につくのは、語句の両端だけが「第二の存在」を構成するさいの文字の供給源とされる点で、端的にいえばアナグラム法そのものが語境界を活用した技巧である。置き字の在りかは、アナグラムを構成する三要素すべてについて語句の冒頭かまたは末尾であり、他方、テーマ語との相同性という角度から見ると、ひな型では両端のみ、延長型ではテーマ語の文字列全体、そして凝縮型では概して構成文字の総和というふうに、原則的に字合わせのタイプがそれぞれ差異化されている。

　作成の難易度からいえばひな型の設定がいちばんたやすく、そもそもアナグラム法はそこから想を膨らませて出来あがったものと推測できる。延長型がそれに次ぎ、たぶん凝縮型の作出が最大の難関である。ソネットの例で見たとおり、この部分だけが「アナグラム」の本来の意味〈綴り変え〉にふさわしく、文字の順序を動かすことも許されるが、これはなぞ仕掛けの複雑化をもとめた結果というより、むしろ延長型との近似を避けつつ作成の難度を下げるための条件緩和ではなかったかと思われる。

　ちなみに、ソシュールは母音の偶数回の反復と頭韻の重要性を指摘していたが、前者はアナグラムの構成要素ではなくて系列を異にする現象である。頭韻、つまり語頭音の繰り返しはたしかにアナグラムに関係するけれど、それは母音と子音（ないし子音結合）との区別とは無関係で、また偶数回に限られるわけでもない。テクスト表層における反復という側面から見ると、テーマ語を構成する文字はすべて少なくとも2度、ひな型を構成する字母は3

116

度くり返されることになる。通例アナグラムは複数行にわたり、その範囲内では置き字に関係しない字母の重複や反復もありうるので、アナグラム法を音素ないし字母の反復という角度だけから把えることは出来ない。ソシュールを喜ばせた「偶数回の反復」という特徴が、アナグラム法と直に関係するものでなかったことはまず確実である。

　従ってこの見地からかれの「アナグラム年譜」を見直すと、サトゥルヌス詩法の探求はアナグラムとは無関連であり、またかれがつぎに注目した、義務的な偶数回の反復という現象はもともと詩的言語の一特色であったに違いない。しかし、直結する事象でないと言いながら、ここから次第にアナグラム法の問題圏に引き寄せられて行ったこともまた疑いのない事実である。

　くり返すまでもなく、ソシュールのアナグラム研究の端緒はマヌカン（ひな型）の発見にあったが、語句の前後両端を特に重視するというその構成原理は、その実、アナグラム法全体におよぶ原則をなしていることがいまや明らかにされた。ベラミーはこの原則を、一方では古代アルファベットの続け書きの習慣に結びつけ（Bellamy 2015b: 21）、他方では madam → ma'am、over → o'er のような語中音省略（syncope）から発達したものと見なしている（*Op. cit.* 4）。分かち書きが確立する以前のアルファベット表記では、語境界の位置が意味の判別にそれこそ決定的に重要だったので、自然そこへの意識が先鋭化してこの特殊な表現法の契機になった、というのである。続け書きを伝統とする日本語でも、和歌や俳諧のばあいのように語の境界や句切れをまたいで題を隠す歌が行なわれ、また「カネオクレタノム」式のことば遊びが流布しているので、この説はあるいは正しいのかも知れない。とくにアナグラムの延長型と、わが国で試みられた直列式の二重折り句（§2.1）との二つは、発想からいえば至近距離にある。

　しかし続け書きが語句の両端重視の必要条件をなすとはいえず、たとえば和歌の隠し題は、なりゆきから見ればむしろその消去ないし攪乱に面白みを見いだす趣向であって、それを利して裏のテクストを作成することではなかった。本質からいえば、それは統語上の偶然を有意味化する遊戯であり、性格からすると掛けことばとあまり異ならない。他方アナグラム法はというと、ごく初歩的とはいえそれは本質において一種の暗号であるから、復号の

手掛かりとしてはことばの単位的な切れ目──「孤立した概念を予め認定する」コードの、前後二つの切断面──を措いてほかに候補が見あたらなかったに違いない。それの「揺らぎ」がこの技法の成立に関係している形跡はどこにも見えないように思われる。念をおすまでもなく、語中音の省略、ないし脱落という現象は、見掛けはその通りでも頭尾原則、ましてやアナグラムの一般的な説明概念にはなるまいと思われる。

　実際はむしろ、作詩にかかわる基本的な技術そのものから生まれ出たものではないだろうか。アナグラムを作出するさい、語彙がどのようにして選択されるか想像してみると、ことば選びの基準は作詩において頭韻あるいは脚韻を踏むさいとほとんど同じであろう。細かくいえば、頭韻はいくつかの主要語の冒頭音、かたや脚韻は詩の行末における同音節の反復というわずかな違いはあるけれども、アナグラム作成ではこれらの押韻技術を単語のレベルに流用するだけで良いはずである。言いかえれば、詩人は脳裏にある語彙集と押韻字典を作詩、アナグラム作成どちらの目的にも使用することができ、音節を単位とする脚韻に比べると、語頭か語末の少数の文字だけをもとに語を選別するアナグラムのほうがよほど簡単で[1]、例えていえば尻取り遊びほどの知的挑戦であったに違いない。頭尾原則の起源は詩の成立とともにあったと考えたい。

　まえに触れたように、ソシュールはトマス・ジョンソンという名の古典学者に特別な関心を寄せた（§2.2）。それは18世初頭に活躍したこの人物の訳業にアナグラム法が活きているらしいことがかれを驚愕させたからであった。しかし、アナグラム法についてのメタ・テクストがどこにも存在しないにもかかわらず、チョーサーに始まり、シェイクスピアや、かれに少し遅れる世代のベン・ジョンソンやダン、チャプマン、さらにはミルトンまでアナグラム法を駆使しており（*Op. cit.* 195）、そののちも古典の翻訳においてラテン語のアナグラムが英語に移し替えられているという事実は、アナグラム法

1　たとえば語頭の子音（たまに母音）を反復する頭韻（the furrow followed free）と語末をそろえる脚韻は、語末の子音だけで韻を踏む不完全韻（bridge-grudge）をもふくめ、詩的言語においてアナグラム法の頭尾原則に対応することがらと見なすことができる。

の技術と知識の継承についてひとつの示唆を与えてくれる。

　ホラティウスの『詩の技法』が解明のひとつの鍵となったことにはすでに触れた。けれどもそこにアナグラムに関する詳しい解説があるわけではなく、それは、アナグラムを用いてテクストに隠された情報が鍵を与えてくれる——著者自身のことばでいえば「かなり重要性を帯びてくる」(*Op. cit.*, 85)というほどの意味である。ベラミーの挙げる該当箇所、『詩の技法』86 行–118 行は、表向きは単に、詩劇にあっては詩律、語彙、文体、さらには情趣がそれぞれ内容と調和すべきことを説いたくだりで、アナグラム法や言語上の技巧に関わる辞句はどこにも見当らない。しかしルールに照らせば、そこに「沈黙の喩法」に関連する十数個の隠されたテーマ語が検出されうることをかれは指摘する。

　ただしかし、これまでに見た数例からも見当がつくように、アナグラムは言語的に見ればたかだか名詞か前置詞句どまりで、入り組んだ言説を構成しうるような高度な記号システムではない。いま述べた『詩の技法』数十行に見いだされるのは DE ANAGRAMATISMO〈アナグラム法について〉、DE TROPIS SILENTIBUS〈沈黙の喩法について〉、EXEAT〈終了〉など、いわば見出しや欄外注に相当する語句、FORMA FIGURATUM〈ひな型〉、FIGURA CONDENSA〈凝縮型〉などアナグラム法にかかわる各名称、沈黙の喩法の種別、異常語法、その他の項目である。

　ともあれ、『詩の技法』の該当箇所を一部抜粋して、テクストの二重性の実態をすこし見ておこう。

95et tragicus plerumque dolet sermone pedestri,		
Telephus et Peleus cum pauper et [EXsul uterque	EX	
proiciT ampullas et sesquipedalia verba],	T	
si curat [COr spectantis tetigissE querella].	E	CO
Non Satis est pulchra esse poematA: Dulcia sunto	NSA	N.D
100et quocumque vol|ENt [ANimum auditoris AGunto.	EN	AN.AG
Vt RidentibuS adrident, itA] flentibus adsunt	SA	RA
humani voltus. si vis me flere, dolenduM est		M

primuM ipsi tibi: tumtua me infortuniA laedent,	M.A	
[Telephe uel Peleu; male si mandata loqueris],	T	
105aut dormitabo aut RidebO. Tristia maestum	R.O	
voltum verba decent, iratum Plena minarum,	P	
ludentem lasciva, severum seria dictu.	I	
[Format enim natura] priuS nos intus ad Omnem	S	F.O
[Fortunarum habitum]: Iuuat aut inpellit ad iRam	R	FI
110aut ad humum Maerore Gravi deducit et angit:	M	G
post effert animi motus interprete lingU|A.	A	U
Si dicentis erunt foR|tunis absona dictA,		RA
Romani Tollent equites peditesque cachinnUM.		T.UM

また悲劇のなかでもテーレポスとクレメースがしばしば
月並みな言葉で嘆くことがある——困窮と追放の身となった時には、
大げさな文句や長々とした言葉を捨てるのだ——
もし彼らが嘆きによって観客の心を動かそうと望むなら。

　詩は楽しいだけでは充分ではない。それは快いものでなければならない。
そして、どこであれ望むところへ、聞き手の心を導くものでなければ
　ならない。
人間の顔は、笑顔を見れば笑うように、泣き顔を見れば泣き出す。
もし私を泣かせたいと思うなら、あなた自身が先に悲しまなければな
　らない。
テーレポスよ、ペーレウスよ、その時はじめてあなたの不幸が
　わたしの胸を突き刺すことになる。
しかし役に合っていない科白を語ろうものなら、
わたしは居眠りするか吹き出すか、どちらかだろう。
自然ははじめ運命のあらゆる条件にわたしたちの内奥を形づくる——
わたしたちを歓ばせ、怒りへと駆り立て、重い苦悶で地面に引き倒し
　責めさいなむのだ。
もし語られる言葉が語る者の身の上に一致しなければ、

　　ローマ人は騎士であれ歩兵であれ大声で笑い出すだろう。―岡道男訳

　アナグラムはおおむね規則に準じて作成されている。たとえば $_{100}$vol|ENt における語幹と活用語尾との切り離しなども異例ではなく、復号に無理が生じる箇所はほとんど見られないようである。ただ末尾にかけて、求められる R を拾うには $_{112}$foR|tunis のように語中で分切せねばならず、これには形態論的にも語源的にも根拠があるとは思えない。

　第三の要素、凝縮型は、右に書き出したテーマ語すべてに共通するものとして、数行さきの 116–117 行にかき混ぜの形で現れる (cf. Bellamy 2015b: 90–91)。

　　テーマ語：FIGURA EXTENSA, FIGURA CONDENSA, ANAGRAMMA
　　　　　　FIGURATUM, FORMA, TROPIS

　　　共通の凝縮型
　　$_{116}$FERuiDUS ET MatrONA PotenS An Sedula NutriX,
　　MercatornE uAGUS CUltornE uiR|entiS AGellI
　　熱情的な [若者か]、堂々たる貴婦人か、
　　　それともせわしい乳母か、
　　行商人かそれとも緑の野を耕す農夫か

　ひどく錯綜しているけれども、確かめてみると、5 個のテーマ語を綴るのに必要な 16 文字(A, C, D, E, F, G, I, M, N, O, P, R, S, T, U, X)がすべてこの 2 行を構成する 12 語の語頭か語尾に含まれていることが分る。

　しかしこのばあい、テーマ語の組み込まれた順序は不可測であり、組み込まれた文字とテーマ語を構成する文字との対応関係も失われるので。表示方法としては、うえのように条件を充たす字母(32)をすべて示すか、あるいは重複を避けて一字につき一回だけで済ませる(16)か、二とおりの方法が考えられる。どちらの方法によるにせよ、複数のテーマ語に共通する凝縮型という新たな範疇を立てる必要が生じることは言うまでもない。

　重複を除くうえで有効なのは、含意関係にもとづいて条件を充たす文字列から逆推する方法であるが、しかし残念ながらこれにも明らかに限界がある。たとえばテーマ語の字母 A の対応先は凝縮型のなかに 9 箇所あるけれども、いずれ O の確保も必要になることを考えれば、MAtrona、An、sedulA、Agelli などの A でこの要請に応えることは出来ず、候補は matrONA〈貴婦人〉という 3 字ひと組の文字列だけに限定される。しかしこのような含意関係がつねに有効かつ充分であるとは限らず、特定不能なケースが残ることを予想しなくてはならない。たとえば頭尾条件を充たす U と S は凝縮型の数個所に見いだされるけれど、ANAGRAMMA を綴るのにいずれ G が必要となる点を考慮しても ₁₁₇uaGUS と取るべきか、あるいは ₁₁₇uaG|us の形容詞語尾を切り離して G を確保したうえで U と S を別語から拾うべきか、最終的な判定の材料とはなりえない。ともあれ、含意関係によって可能なかぎり簡略化すると、この凝縮型の文字入れは次のように表記することも可能である。

　　₁₁₆FERuidus eT MatrONA Potens an Sedula nutriX,

　　　　mercatorne uaGUS Cultorne uirentis agellI

　総体として、『詩の技法』、あるいはその他のテクストに見るアナグラムの与えられ方は、例えていえばごく漠然とした見出し項目に近い。もしそこに教条や手ほどきが伴なうとすれば、それは、たとえば 上の FORMA〈ひな型〉というテーマ語が ₁₀₈FORmat eniM naturA〈つまり自然が形づくる〉という表現に織り込まれており、この綾と地の関係から読みとれる「ひな型、すなわち自然な形」という暗黙の教えとしてである。あるいは数行先には、₁₄₀Parturient montes, nascetur *ridiculus mus*〈山々が産気づいて、馬鹿げた鼠が一匹うまれる [大山鳴動して鼠一匹]〉というよく知られた一節があるが、その前には詩人 CATULLUS の名が 2 度と MUS とが埋め込まれていることから、カトゥルスの有名な詩句、Vivamus, mea Lesbia, atque amemus〈共に生きよう、いとしのレスビア、そして愛し合おう〉という詩句のように、同一語尾 -mus[1 人称複数形]が反復さると〈ねずみ〉という馬鹿げた語義が意識化される、心すべし、と諭しているのだと察知する――このようにして年若

い詩人たちは沈黙の喩法について学んでいったのだとベラミーは推定している。各種の名称が知られたということ以外、メタ・テクストの非在という点ではソシュールの当時とほとんど状況は変わっていないと言える。

しかし非在の理由はまさにこの箇所にある。アナグラムとしてまず最初に置かれているのは DIGITO SILENTIA〈沈黙の指〉、FAVETE LINGUIS〈口を閉ざせ〉など、いずれも口外を制止する表徴であり、アナグラムがあからさまに語られてはならないことを言外に匂わせていると解釈できる。[H]ERMES の名もあり、ここからベラミーは、アナグラム法の起源とアナグラム法に関するタブーをギリシアの神話や「ヘルメスへの讃歌」まで辿っていったもののようである。

すなわちアナグラム法の原型は、詩作という秘技に参入するさい、詩人が主神に対して許しを請う儀礼的な行為にあったらしく思われる。たとえばウェルギリウスの『アエネイース』の出だしには、ORPEUS〈オルペウス〉、MYSTERIUM〈誓約〉、あるいは ORO〈まず祈る〉、PECCATUM〈わが罪〉、SUPERBIA〈驕慢〉など、詩文の守護神オルペウスに捧げる、定型化した奏上アナグラム(verba certa)が織り込まれており、この慣習は啓蒙期以前のテクストにおいて広く観察されることをベラミーは指摘する(*Op. cit.*, 57)。

> こうして詩人は、長いしきたりによって常にオルペウスへの誓約とパトナムのいう「良心の呵責」を吐露せねばならないが、詩歌そのものはというと、「うた」とされるべき次元はアポロンと詩神たち、かたや、隠されたアナグラムや隠れた地口など、「ことば」と見なされうる次元はヘルメス[=メルクリウス]、という、これら二組の神々の共同して司るところなのである。
>
> (Bellamy 2015b: 75)

テクストの二重性に関するこのしきたりは、たとえばイギリスでも正確な形で受け止められており、ここに名前の挙がったパトナムの『英詩の技法』(*The Arte of English Poesie*, 1589)では、序章において型どおり MYSTERY〈誓約〉、PRAESUMPTUOSUS〈僣越な〉、PRYDE〈驕慢〉、SYNNE〈罪〉、ということばがまず奏上される。アナグラムの扱いも作法どおりで、遊びとしてのアナ

グラムは本文中で独立した章立てのもと露わなことばで解説されているが、秘すべきアナグラムのほうは対照的に第三章、太古、詩人が神意を取りつぐ者、祭祀を司る司祭であったことを述べるくだりで、アナグラムをもって言及される（*Op. cit.*, 23; 65–68）。

　ここで二点だけ付記しておくと、『英詩の技法』は散文を用いて書かれた著作で、当時の風にならい著者名が伏せられている。それゆえまず第一に、上の例はアナグラム法が詩、ないし韻文に限られないことを示す重要な証拠のひとつとなる。同書を著わしたのは、いくつかの傍証をもとにシェイクスピアより一世代ほど前の人、ジョージ・パトナム（George Puttenham 1529–1590）であるとされてきた。しかしその兄リチャードに帰する説もあり、こちらも劣らず有力らしい（Willcock & Walker 1970: xvi ff.）。同書第一部の冒頭にベラミーはパトナムの異綴り POTENHAME という署名アナグラムを見いだしているものの（*Op. cit.*, 65）、残念ながら苗字だけでは兄か弟かを確定する決め手にはならない。

　タブーの起源に関するこの推論を裏付けるために、ベラミーはホラティウスだけでなくカトゥルス、ウェルギリウス、オウィディウスらのラテン語詩人たちがこぞってアナグラムを使用しているにも関わらず、テクストの表面ではアナグラム法について一様に口を閉ざしている事実を挙げている。

　そうでありながら、もしこの技法が継承され、なおかつルネサンス期のイギリスその他にもたらされたとすれば、それは実例をつうじて学習され、ラテン語ルールが英語、あるいはその他の現地語の形態面（屈折や派生、合成など）や表記法に合わせて移植され、次第に整備されていった、と考えるほかはない。英語のばあい、当時、肝心の表記法そのものに著しい揺れが見られたので、これの慣習的な処理法がしだいに蓄積されて、かなり融通性のある、アナグラム作成のいわば標準語ができ上がったのであろう。

§5.2　アナグラムの検出

　まえの章でベン・ジョンソンの八行詩 "The Phœnix Analysde" を例に取り（§4.2）、この作品がほとんど無名の作者の、『愛の殉教者』という詩集に付録

124

として収められていることに触れた。この付録の大きな特徴は、そこにシェイクスピア、チャプマン、あるいはジョンソンなど錚々たる詩人の作が収められていることもさりながら、かれらが今いう「アナグラム法の標準語」を使用し、もうひとつには、その諸作に共通して不死鳥（Phœnix）と雉子鳩（Turtle[-dove]）という隠喩的象徴が現われることである。そこに収められたシェイクスピアの挽歌には "the Turtle and *his Queen*"〈雉子鳩とかれの愛した女王〉という種明かしめいた辞句まであって、不死鳥の象徴的意味はうすうす見当がつく。

　他方、すでに述べたように analysde、analisde（=analysed）という語も、チャプマンの詩とジョンソンの詩を綴り合わせるかのように使用されている。この語の語源となったギリシア語の *analusis* はもともと〈謎解き〉を意味し、この措辞は何やら自己言及的な気配を感じさせる。もしどこかに字なぞが組み込まれているとすれば、それはこの辺りで、もしや時の女王エリザベスに関係していはしまいか。

　加えて先に触れた turne〈向きを変える〉、あるいは本編に当たるチェスターの詩「不死鳥への作者の懇願」（"The Authors request to the Phœnix"）に見える "*elevate* thy famous worthy name"〈だれも知るその尊い御名を高からしめよ〉という辞句も共に方向を暗示しているように読める。あらかじめ崇敬アナグラムの解読法を知っている読者なら、ごく自然な行動として、そこから折り返して活字を逆向きに辿ろうとするかも知れない。

　一般化していうと、アナグラムはその三段構えの構造もさることながら、テクストの開かれた次元の内容とよく親和し、さらに詩人の追求する美的な企て、そしてもしあるなら、裏に隠された別のアナグラムとも整合している必要がある（*Op. cit.*, 8）。逆にいえば、アナグラムが生起するとき、そこには内容的な必然性があり、加えてしばしば文脈的なキューを伴なって現われる。例に挙げた『ソネット』第 7 番のばあい（本書、95–99 ページ）、冒頭では明らかにまばゆい曙光が謳われているが、それを形容するのに主君に対する謙譲語を思わせる gracious という語が使われ、2 行目以下ではそれの代名詞に男性性が続けて付与されるせいで（his,...his,...his）、文面はいつしか光輝ある人物への賛辞と見分けがつかなくなってくる。アナグラムが仕掛けられている

のはちょうどそのような箇所である。

　これに加えて、まえに見た analyze や turne、elevate などのほか、延長型に関しては framed〈枠づけられた〉、defined〈区切られた〉その他の語彙的な手がかりや、語呂あわせ（*not you*/*knot* you）、さらには "look how...look how"、"so as...so they" あるいは、ルクレチウスの例に見た "Te dea...Te diva"、などの囲み表現（inclusio）も境界標識として目安になるばあいがある（*Op. cit.*, 381ff.）。

§5.3　アナグラム法の役割

　いうまでもなく、隠されるテーマに制約が掛かるわけではなく——というよりむしろ表立った表現としては憚りあることばをアナグラムに組み込むので、神格、君主、英雄、恋人、などの名前のほか、贖罪あるいは懺悔のことば、作品や表現の典拠、作者の真意、ことの要点、時事、悪罵、呪詛、その他、種々さまざまの情報が文面の背後にパラ・テクストとして書き込まれることになる。ベラミーはその役割をギリシア演劇におけるコロスに準えているが（Bellamy 2015c）、たしかに作品の背景や要約を脇から伝え、テーマについて注釈し、正しい解釈を教示するという点で、この例えは適切であるように思われる。内容がこのように多面にわたる以上、書き込む側からすると、それが目に着きにくい形をとり、また、たとえ不都合な辞句が露見するようなことがあっても——つい方広寺の鐘銘事件が頭にうかぶ——偶然の仕業として言い逃れができるだけの用意はぜひとも必要であったと考えられる。

　アナグラムとして組み込まれる語には、これまでに挙げたような奏上や、賞賛や、崇敬の仕草だけでなく、呪詛、中傷、解説、署名など、主要な部類をいくつか設けることができる。

　このほかにも筋立てや詩想の借用、脚色、さらには引用について、古典文学の伝統に由来する半ば儀礼的な作法があり、これもやはりテクストの冒頭部で字なぞに仕組まれるのが常であった。ここで暗に行われる、いわば「作品解題」は、作中に忍ばせた解説的アナグラムと並んで、テクストの解釈と受容面で測り知れない意義をもつ。本文校訂に資する情報を提供するばあいも考えられよう。

たとえばシェイクスピアの作品に見られる主要なカテゴリーは、『ソネット集』では執筆年（これはアナグラムでなく記年法による）や人名（ANNE、ELIZA-BETH、VERE、HENRY、PLATO）、テーマ（LUST、ADULTERY、HENDIADYS、TRIANGLE、ABUSE など）、猥雑なことば（ARSE、BUTT、WANKE）、その他である。これらはテクスト表層の情報を補い、その内容を説明し、評釈を加えるだけでなく、ある語がアナグラムとして織り込まれると、次のソネットでそれが主題に取り立てられる形跡があり、集の構成のレベルで、ソネットの順序づけにも関係しているとベラミーは述べている。

　アナグラム情報の有効性を示す分析例をひとつ挙げておくと、「ソネット」81 番に次のような箇所がある。

> From hence your memory death cannot take,
> 　Although in me each part will be forgotten.
> ₅ Your name from hence immortal life shall have
> 　Though I（once gone）to all the world must die…
> 死がこの世からあなたの思い出を奪い去ることなど
> 　できはしません。私のことはすべて忘れ去られても。
> 私は（死ねば）この世から消えてなくなりますが、
> 　あなたの名前はいまから不滅のいのちを得ます　　　―小田島雄志訳

　今から、つまりはこの詩によって「不滅のいのちを得る」はずの当人の名前は、明かされて良さそうなのに伏せられたままで、注釈者たちを困惑させてきたようである。しかし、まさにその直前、3 行目の ₃HENce youR memorY にアナグラムとして当の名前が埋め込まれていることをベラミーは解き明かしている（Bellamy 2015b: 6f.; 196f.）。付け加えておくと、このばあい、[HEN...y] がひな型に当たることは言うまでもないが、他の点ではかならずしも標準形に忠実ではない。けれども、綴り字が各語に分配された HENce youR memorY が延長型、集中化した HENce your memoRY が凝縮型をなすと考えるのが妥当であろう。つまり同一の箇所から、文字の置き方の違った 3 型をそれぞれ取り出す可能性が開かれているのである。

　これに較べると、シェイクスピアの戯曲にはアナグラムの数が格段に少ない。少ない理由はもちろん、戯曲がせりふを耳で聞きつつ所作を見る形式であるのに、アナグラムは判読すべきもので耳で聴き分けるものではなく、音声現象としては成立しにくい。その理由は前章でいくつか挙げたが、しかしそれでも、日付、典拠、伏線、注解、教唆（たとえば DESDEMONA という名前に語中成分 DEMON が潜むことを観客に対しアナグラムによって解き明かす）などかなりの例が析出されている。

　耳の肥えた当時の観客は、せりふを聞いてアナグラムの存在が幾分か分かったはずだとベラミーは想像している（*Op. cit.*, 39）。しかし、戯曲におけるアナグラムが実際にどのような役割を果たしたかは実のところはっきりしない。

　たとえばベラミーは、『ハムレット』（1601）の美的戦略がキケロの箴言 "tarditas et procrastinatio odiosa est"〈遅延と延引こそ厭うべし〉に基づいているとして、その証拠に第五幕 ii 場（63–72）を挙げ、そこから TARDITAS、PROCRASTINATIO、CICERO、HENDIAD[E]S、SESSE [X] の 5 語を検出している。HENDIADYS〈二詞一意〉はふつう、従属関係を含意するような二つの名詞の「および」結合、代表的な例でいえば "sound and fury"（〈大声と怒り〜怒ったようなわめき声〉）をさすが、転じて二肢一体という裏の意味もあり、これが作品に対する解題アナグラムをなすものと解釈されている。すぐ想像がつくように、このテーマ語はハムレットの母ガートルードとの関連でしばしば用いられており、さらに他面においても語法、ドラマの展開、テーマやアナグラム法など、至るところにキケロの二詞一意を思わせるパタン、「〈A および B〉が溢れている」（*Op. cit.*, 468）。最後の SESSE はエセックス伯をさすことが後年の『ソネット集』での使用例からも確かめられ、かれの恋にするイギリスと『ハムレット』のデンマークが重ねられているのだと読み解く[2]。

2　煩瑣なのでいちいち分析は示さないが、TARDITAS については 64[Thinks]t、66 [Th'election and my Hopes]、67[Thrown out his] の三つをひな型とする三個のアナグラムがあり、CICERO には 67[Coozenage;.../68To]、PROCRASTINATIO には 67[Pro]per、SESSE には 71[Shortly there]、HENDIAD[E]S には 65[He...hopes] をそれぞれひな型として挙げ、これらから延長型と凝縮型を導いている（Bellamy 2015b: 466–467）。

128

しかし常識的に考えて、この箇所のすべての織り込みを耳で聴き分け、即時的に鑑賞の手引きとすることはおよそ不可能なはずなので、間テクスト的な儀礼、あるいはメタ・テクスト的な情報を越えて何が、どのような目的で戯曲の言語に隠し込まれているか、将来のより詳しい検討を待つべきであろう。

§5.4　予想の精度

　思想史の常として、画期的な学説が登場すると、それの吟味・検証だけでなく、たいてい先行現象やあい似た学説の掘り起こし、そして後追い現象がともなう。ところがソシュールのアナグラム予想に関しては全く前史がなく、しかも答えの出ない謎としてうち捨てられていたという点で異例づくめであった。スタロバンスキがその研究ノートの解明に手をつけたことは困難な、そして価値ある一歩であったが、基本資料を提供することは出来たものの、一面でそれはかれ個人の理解や願望を色濃く反映した試案であり、結局、謎の解明には繋がらなかった。むしろ謎をあらぬ方向に広げ、深めたと言ったほうが正しいかも知れない。

　もし典拠とされた『言葉の下のことば』に咎があるとすれば、それは執筆時期の隔たる数篇の論文を一冊にまとめたことにあるという他はなく、ソシュールにおける、そして解説者スタロバンスキにおける理解の深まりが逆向きに見えてしまう憾みがある。いまから思えば、むしろ字なぞの問題から始め、反復や、サトゥルヌス詩、ディスクールなどの話題を後に回していればこれほどの迷走と無駄な議論は防がれていたかも知れない。

　さらに続けると、アナグラム法そのものに関しても、おそらく手稿に占める分量がそのままページ数に反映されていると見られ、扱いの大きさが重要性の尺度のように受け取られる嫌いがあった。好例は本書でも部分的に取り上げたポリティアーススの墓碑銘である。『言葉の下のことば』では数ページにわたって手稿の写真版が掲げられ、まるで解析の到達点であるかのような破格の取り扱いをうけている。その分析例を解説しようとして丸山(1987: 106)は、「非常に複雑な重なりがあるためにすぐには見てとりにくい」、

として"アナグラム"の在りかを示しただけでそれが現実にどんな構造なのか
立ち入った説明を避けた。しかし、そこに記されているのはいわゆる「ひな
型」を当てずっぽうに探索した形跡か、あるいは前に一例を示したように無
原則な文字合わせの材料だけで、吟味に耐えるだけの一貫性に欠けている
(Starobinski 1971: 141–145 ; 本書 55 ページ)。しかもベラミーの三段構造に
照らしていえば、本物のアナグラムがそこに盛り込まれていないことは明ら
かである。

　総じて、アナグラム予想をめぐる 70 年代の動きは、ソシュールの手稿を
精査し、問題系列と達成度をそれぞれ確認するという作業をなおざりにして
生まれた、文字どおり狂騒であった。それから半世紀を経て、ベラミーが字
なぞの作成規則に目標を限定してこの基礎作業を根気よく続け、ついに正し
い答えに辿りついたことは快挙としなくてはならない。
　これを正しい解と判断する理由は、何にもましてその明証性にある。この
解を得て始めてわれわれはソシュールや、そしてかれに続く多くの研究者た
ちを悩ませてきた、「あるかないか」、あるとすれば「意図的か偶然か」という
難題について、ひとつの明確な判定基準を手に入れることができる。
　ベラミー自身にとっても、明らかにそこが最も自負するところであった
はずで、自説の正しさを示すために比較検証テストを行なっている (Bellamy
2015c)。そこでかれ自身の発見した例と比べられるのは、主著『シェイクス
ピアの言語芸術』と同じ年、2015 年に登場したある新説で、フィリップ・シ
ドニー (Philip Sidney 1554–1586) のソネットにアナグラムを発見したとする主
張である。
　まずかれがシェイクスピアから検出した例。
　ベラミーの所説にしたがうと、「ソネット」145 番には末尾の二行連に妻ハ
サウェイのアナグラムが隠されている。それはまず 13 行目のひな型［HAT...
y］によって合図され、延長型は次のような形で織り込まれていることが確認
できる。(大文字は拾い読むべき文字。なお 13 行目の I hate と 14 行目の not
you は今では引用符つきで "I hate"、"not you" と印刷される。従来ならば、
おそらく ₁₃Hate away に Hathaway の、₁₄And sau'd my life に Ann saved my

life の語呂合わせを《聴き取る》だけに終わったところである。）

  13 I [HATe, from Hate Away] she threW,

  14 And sau'd mY lifE saying not you.

「あなたは嫌い」を彼女は嫌悪の届かぬ先へ投げ、

こう言いそえて私のいのちを救ったのだ、「ではない」。

—小田島雄志訳

　これで見ると、復号はひな型どおりでなく、末尾に E の加わった HA-THAWAY[E] という異綴りで行なわれている。その理由はもちろん、当時の綴り方でそうした揺れが許容範囲にあったということもあるが、ここでの理由は、予告された mY で閉じるより、文字の置かれる部分の意味の完結性を優先して my lifE まで取ったからである。改めていうまでもなく、この延長型の冒頭、ひな型と範囲の等しい 13HATe, from Hate AWAY が凝縮型で、こちらは語末に E をもたない形が選ばれている。あくまで旧綴りを尊重するのであれば E で終わる [HATe from hatE] をひな型とするのが理に適っているけれども、そうすれば凝縮型として余分な語 shE を取りこむ必要が生じ意味のまとまりから見てやはり不都合である。

　このように紛らわしい箇所はあるものの、三要素すべてが揃い、文字入れに関する規定もおおむね守られており、よってこれは真正のアナグラムであると結論できる。

　他方、シドニーのソネットで、アナグラムの存在が指摘されているのは『アストロフィルとステラ』(Astrophil and Stella) 第 1 番のつぎの二行連で、ここにはかれの元婚約者 PENELOPE の名が隠されているとする説が唱えられた (Winnick 2015)。なお、"trewand" および "penne" は現在の綴りでは "truant"、"pen"。

  13 Biting my trewand PENnE, beating my seLfe fOr sPitE ―

  14 "Fool," said my Muse to me, "look in thy heart and write."

渋るペンを噛み　腹いせにおのが身を撲つ――

　　「愚か者」、と詩神がいう、「心を見つめてそのまま書けばよい」

　なるほど [PENnE] をひな型と見なせば、冒頭の P から始まって行末の E
で終わる、延長型に相当するらしい文字列を拾えないことはない。付け加え
るまでもなく、ひな型の末尾の文字を延長型に読み込み PENE とする点で
この解釈はすでに異例であるが、さらに加えて、当の行にも、それに続く行
にも凝縮型に当たるものを見いだすことができない。これではアナグラム作
成の義務的なルールが守られているとはいえず、従ってまがい物であるとベ
ラミーは断定する。

　また仮にこれら二つの違反を見逃すとしても、当時の読者は、認知傾向か
らして語の最初と最後の文字を重く見ていたので、「このアナグラムは語中の
文字 3 字(L、O、P)に依存している点で明らかに出来損いである。ただし
ルネサンス詩にあって、形式が概して内容を反映する、というのは公理に近
いので、この一節がアナグラムもどきに終わっているところを見ると、ある
いはシドニーは「渋るペン」と、このソネットの表向きの主題──詩才のつた
なさ、を面白半分に取り合わせてみたのかも知れない。つまり、[PENne] と
いう語は確実に PENELOPE のひな型になれるのに、私のペンでは[…]そこ
を思い通りに表現しきれない、と」(Bellamy 2015c)。

　最後の解釈はどう見ても譲歩しすぎの嫌いがあるが、その点は問わないと
しても、かつての「故意か偶然か」という、どちらとも決め手のない二者択一
の呪縛が解けて、いまや議論が新しい局面に移っていることは誰の目にも明
らかであろう。

　むろんベラミーの学説はこの範囲にとどまらない。それは理論と応用との
二面をそなえ、理論面は大きくいって次の四つの柱から成り立っている。

1)　アナグラム作成にかかわる義務的な諸規則の定式化、
2)　詩文テクストの表裏二面が、それぞれ別の神格の支配下にあるとす
　　る神話的発想の存在──つまりはアナグラム法に関するタブーの起
　　源に関する仮説、
3)　アナグラム法の伝播・継承と衰退までの経緯、そして

4)　テクスト構成におけるクロノグラムと数占い（transilition）の役割

　本書ではそのわずか一部、アナグラムの作成規則といわゆる「タブー説」を取り上げたに過ぎない。前者についてはこれを正しいと判定したけれども、アナグラムの構成について正しい解を得たとはいえ、ひとつの大きな背理がのこることも事実である。すなわち、アナグラム法による織り込みは、史的背景や文脈の綿密な考察をつうじて、まず肝心のテーマ語を特定しないかぎり発見することが出来ないという問題である。テクストの裏面に潜む情報の究明は、作品の背景や表の意味の解明と一体になって進捗するほかはない。そこから考えると、応用面であるとはいえ、ベラミーの発見した多数のアナグラムを再吟味したうえで、各テクスト、なかでもシェイクスピアの『ソネット集』の解釈にとっていかに、どれだけ寄与しうるかを検証・確認してゆく作業がきわめて大きな課題として今後に残されている。

　一方、タブー説はあくまで現段階での仮説であり、これが立証されるか修正されるかはいまだどちらとも判断できない。おそらく伝播・継承の問題とあいまって、理解の深まりだけは今後期待して良いものと思われる。最後の項目は著者にとって全く関心外の領域に属し、この伝統についてはなんら発言する資格がない。

　ベラミーの達成によってもうひとつ可能性が開ける。それは、スタロバンスキの解説書、『言葉の下のことば』を新しい視点から読み返すという作業——あるいは、ソシュール研究にとって大いに重要かつ興味あることは、かつてヤコブソン（Jakobson 1971）が切望したとおり、「《奇妙かつ不毛》とされてきたソシュールの研究ノート全冊が編集・出版され」、かれの遺した記録をもういちど綿密に点検し、評価を正すという、より根本的な作業であるに違いない。現にわれわれ自身、かれの「パラグラム」あるいは「パラモルフ」と呼んだものの真の意味と性格を、ベラミーの仕事をつうじて始めて知ることになったのである。

　しかしここに来て、もっと驚くべきことに気付かねばならない。

　ソシュールの特記した反復の主要タイプ〔＝図表 1〕に見える（b'）アナフォニーは母音に限定されており過分析によって生じた範疇なので、前に指摘し

たように、別立てにする純理的な理由があるわけではなく、(b)アナグラムと
合併して差し支えない。こうして基本的にこれが三分法であると考えると、
かれのいうイポグラム、アナグラム、パラグラムの三者は、それぞれ最終解
〔図表 2〕のひな型、延長型、凝縮型における文字入れのタイプに順序と集中
性に関してぴったり符合し、いわゆる「イポグラム仮説」の前提をなす〔±二
連音〕という分類項だけが無関連であることが一層はっきりする。つまり在
来の解釈――当初われわれもそう理解したが――とは違って、この三分法は、
基本的と見られる音反復の分類などではなくて、アナグラム法の三段構成に
関するソシュールの認識の到達点を示すものだったのである。

あとがき

　この小著は、スタロバンスキの『言葉の下のことば』(1971) によって知られるソシュールのアナグラム研究を主題としている。序章ではその手稿が紹介されるまでのいきさつと研究のあらましを略述し、2 章 – 3 章では、かれの追求した事象に関係する音素、同音反復、各種の字なぞ、言語技巧、作詩法などの問題を解きほぐしながら、同書で紹介されたアナグラム研究の、主として言語学および詩学における解釈と受容の経緯をたどっている。

　従来この問題は、スタロバンスキの与えた「イポグラム仮説」という名称で言及されてきたので、「アナグラム予想」という言い方には馴染みがないかと思われる。手短にいえば、本書の内容はこの呼び名の変更そのものと大本で、しかも直接的に関係している。ソシュールが鋭敏にも感知したアナグラムとはそもそも何であったのか。後半、4 章 – 5 章では、この疑問に対する最終解と思われる研究成果を紹介し、かれの立てた「イポグラム」という範疇、そしてその基底をなす「二連音」という説明概念が事実に照らして無効であり、仮説そのものの妥当性を損なっていることを明らかにした。

　実をいうとこれを著書としてまとめる計画はとくになく、もとは旧稿に対する補足・訂正として当てもなく断片を書き溜めるところから始まった。2017 年の夏、沼野充義氏 (当時、東京大学文学部教授、現代文芸論) からある英文原稿の翻訳を依頼されたが、それは著者がかつてお世話になった、オリガ・ヨコヤマ氏 (現カリフォルニア大学特別教授、スラヴ言語学) の書かれたもので、教授がハーバードの大学院生であったころ研究指導を受けたローマン・ヤコブソンとの出会いを回想しつつ、この碩学の晩年のエピソードや人となりを綴った文章であった。

　とくに興味をそそられたのは、ヤコブソンが虫麻呂の長歌 (『万葉集』巻第六雑歌 976) の分析——これには本文中でも簡単に触れた——を論文に仕上げるさい、和歌をたしなみ、万葉にも詳しいヨコヤマ教授のご父君に意見を徴したことがある、というくだりであった。まず顔つなぎにウオッカを何杯か引っかけて二人とも上機嫌で本題にはいったのはいいが、いざヤコブソン

が、虫麻呂の長歌では特定の音節の割合が異常に高く、これは自分の名前に対するこの詩人の心理的な固着のせいだと思われるがどうか、という自説を持ち出したところ真っ向から否定され、そのうち双方が激して声をあららげ、身振り手振りを交えた激論になった、という話である。

　訳文は短いものだったので、勢いにまかせて、なぜヤコブソンの署名アナグラム説と、和歌の実作者の感覚がはげしく衝突したのか、考えられる理由について訳者あとがきという形で書きそえた（山中 2018）。しかし折悪しく避暑中のことでパソコンに保存した旧い原稿やメモのほかにまったく資料がなく、何箇所か不備なところが残った。それが気になって、いつか修正の機会でもあればと思いつつ断章を書き溜めていたところ、偶然、ヤコブソンの論文名をそのまま表題に掲げたウィリアム・ベラミーの大著、『シェイクスピアの言語芸術』(2015) に遭遇した。これはソシュールのアナグラム予想を多角的に検討し、独自の解釈とそれを証する広範な分析例をまとめた著書で、ここ十数年、謎の多いこのソシュールの仮説をいわば横目で睨んできた人間として、わたしにはかれの達成が見過ごしにできない「事件」であるように思われた。いまだ目ぼしい評価も出ていない新説を主題的に扱うことは自重したほうがいい、と忠告してくれる友人もあったが、ベラミーの所説が、これまで誰も到達できなかった明証性を手に入れていることは明らかなので、さまざまの覚え書きや断片を取りまとめて、発表できる形に整えることにした。

　ベラミーの提示した最終的な解答を示すだけでも目的は果たせないではなかったが、それでは一新説の単なる解題で、あまり利口な書き方ではなさそうに思われた。ソシュールの仮説が巻き起こした議論を概観し、用語のもつれを解きほぐし、関連する諸問題をひととおり紹介したうえでかれとベラミーの功績をともに正当に理解してもらうにはどうすれば良いか——まとめ方に苦労し、とくに稿の前半を何度か書きなおした。しかし結局、アナグラム予想にまつわる様々の視点や議論に長大な傍注を付けるつもりで書くことに決めた。狙いは、本筋を離れているような問題や記述もどこかで少しずつ重なり合い、最終的にはソシュールの予想したアナグラム法の正体一点に収斂して、この問題について総合的な理解を深め、ベラミーの仕事を正当に評価するための材料を提供したい、ということであった。曲がりなりにもその

ような仕上がりになっていることを願うばかりである。

　ウィリアム・ベラミーの仕事が多少とも詳しく扱われるのは、おそらく本書での紹介が始めてであると思われる。かれの経歴や業績をくわしく記すべきところであるが、実をいうと、公刊された2著の著者紹介に見える短い記述だけがかれに関する情報源で、通り一遍のこと以外ほとんど何も分かっていない。かれの論著に対する書評のたぐいも、いまだ本格的なものを目にしていない。

　断片的な情報をつなぎ合わせると、かれの経歴はおよそ次のようなものであるらしい。生まれは1942年ロンドン。シティ・オヴ・ロンドン・スクールを終えたのちケンブリッジ大学クレア・カレッジの学部、大学院で英文学を修め、1969年に博士課程を修了、オーストラリアのラ・トローブ大学で1年間、英文学の講師を勤めたようである。文学史が本来の専門分野であったらしく、最初の著書は『ウェルズ、ベネット、ゴールズワージー：1890–1910』(1971)というタイトルの評論である。君主の交代、世紀の変わり目、社会の大変動その他が重なりあう1900年を境にイギリスでは精神状況も大きく様変わりしたとして、この論著では、エドワード朝の代表的な小説家三人の言語を材にとり、ノルダウとフロイドの精神疾患論を解釈項としてその変貌を克明に跡づけている。

　しかし、この文学論ののちかれは目立った業績を発表した気配がなく、沈黙は半世紀近くもつづく。そして2015年になって突然に、本書で扱ったアナグラム関連の著述数編をもって再登場する。ところが、奇異なことにその3編すべてが同じ1年間に集中しており、あたかも長年の蓄積を一挙に精算したかのような印象がある。この不可解な空白を理解する鍵はおそらく、上記小説論の著者紹介に挿入された、「氏は現在、弁護士の資格取得をめざして準備中である」という、短い一文にあると思われる。研究書一冊を世に出した段階で法曹界に転身し、想像するに、アナグラムに関係したかれの一連の文章は、まさにソシュールのアナグラム研究と同じく、本業のかたわら打ち込んだ密室での探究の総決算であり、また在野の研究者であることが評価の乏しさの原因でもあるように思われる。

　実をいうと著者はベラミー氏と直に連絡をとろうとして、主著『シェイク

スピアの言語芸術』の簡単な正誤表を作成し、2018年の春、出版社経由でこれの取り次ぎと同氏への紹介を依頼した。反応がなかったので同じ年の暮、二度目の手紙を書いた。これにも応答がなくほとんど諦めかけていたところ、翌年1月、ご家族のひとりから、著書を出版して程ない2016年7月に同氏が他界された旨のメールが届いた。死別から日も浅く、文面からは余り多くを語りたがらないようすが窺えたので、それを期に性急な探索を諦めることに決めた。考えてみると、このような業績にはいかなる経歴の者が、いつ、どこで、という伝記的な参照枠より、論証の整合性と明証性をもって評価を下すほうがはるかに重要であり、その意味では必要な情報がすべてそろっていると言えないこともない。

　最後になるが、著者はシェイクスピア研究に疎く、ラテン語に至っては全くの素人なので、この解説書が身の程しらずの企てであったことは充分承知している。そのためシェイクスピアの『ソネット集』については柴田稔彦氏（福岡大学名誉教授）、ラテン語に関しては故廣川洋一氏（ギリシア哲学）と逸身喜一郎氏（東京大学名誉教授、古典語・古典文学）にいろいろご教示を仰いだ。改めてお礼を申しあげたい。もしこの分野に関してまだ誤りが残っているとすれば、それは著者が独り合点でことを済ませ、お尋ねすることを怠ったせいである。他方、ベラミーの説や分析の妥当性についてはお三方にご意見を求めたことは一切なく、この点に関する判断の責任はすべて著者にあることも付け加えておかなくてはならない。

　また専攻の研究論集に貴重なスペースを割き翻訳のチャンスを与えてくださった沼野充義氏、文献の探索に力を貸してくださった小野 文氏（慶應義塾大学准教授、フランス言語学）、島袋里美氏（東京大学、現代文芸論研究室）にもこの場をかりてお礼を申しあげたい。東西の詩歌を引用した箇所がかなり多く、訳文を添えるさいにはさまざまの訳書や注釈書を利用させていただいた。長い引用にはそれぞれ出典を示したが、和歌の現代語訳や断片的な引用はその限りでなく、また筆者の独断で表現や表記を変更したところも少なくない。その旨、ここに記してお断りしておく。

令和四年春

文献リスト

Arrivé, Michel 2009. "L'Anagramme au sens saussurien", *Linx*, 60: 17–30.

Bellamy, William 2015a. "Ben Jonson and the Art of Anagram", in R.S. Peterson ed. *Jonsonian Soundings* (New York: AMS Press); https://www.academia.edu/21045084/

——— 2015b. *Shakespeare's Verbal Art*. Cambridge Scholar's Publishing: Newcastle upon Tyne.

——— 2015c. "Shakespeare's Acrostics and Anagrams," http://shaksper.net/current postings /31223

Benveniste, Emile 1966 [1963]. "Saussure aprés un demi-siécle," *Problèmes de linguistique générale I*, Gallimard: Paris, 32–45.

——— 1964. "Lettres de Ferdinand de Saussure à Antoine Meillet." *CFS* 21. 91–130.

Bernard, Michel 1992. "*Le Secret de Villon* à l'épreuve de l'ordinateur Tzara et les anagrammes," *Romania* 113. 242–252.

Bouquet, Simon 2004, "Saussure's Unfinished Semantics," In Carol Sanders ed., 2004. *The Cambridge Companion to Saussure*, pp. 205–218.

de Mauro, Tullio. 1972. *Cours de linguistique générale*. Edition critique. Payot: Paris.

Fairclough, Henry Rushton 1929 [1991]. *Horace. Satires, Epistles, Ars Poetica.* LCL 194. Harvard University Press. Cambridge, Mass., London.

Fisher, John 1975. *The Magic of Lewis Carroll*. Penguin Books: Harmondsworth.

Fowler, Alastair 2007. "Anagrams," *The Yale Review* 95. 33–45.

Fowler, Roger 1971. *The Language of Literature*. Longmann: London.

Gandon, Francis 2002. *De Dangereux edifices: Saussure lecture de Lucrèce*. Éditions Peeters, Louvain/ Paris.

Godel, Robert 1969 [1957]. *Les Sources manuscrites du* Course de linguistique générale *de F. de Saussure*. Libraire Droz, Genève.

——— 1960. "Anagrammes (ou hypogrammes): 99 cahiers; dossiers de tableaux sur grandes feuilles." *CFS* 17: 5–11.

Gronas, Mikhail 2009. "Just What Word Did Mandel'štam Forget? A Mnemopoetic Solution to the Problem of Saussure's Anagrams." *Poetics Today* 30#2.155–205.

Grosart, Alexander B., ed. 1878. Robert Chester, *Loves Martyr*. N. Tübner & Co., London.

Guiraud. Pierre 1958. "Le Champ stylistique du *Gouffre* de Baudelaire," *Orbis Literarum, Supplementum 2,* Copenhague.

Hayden, Rebecca E. 1950. "The Relative Frequency of Phonemes in General American English," *Word* 6. 217–223.

Horace. *Ars poetica.* See H. Rushton Fairclough 1929.

Hymes, Dell H. 1960. "Phonological Aspects of Style: Some English Sonnets." In T. Sebeok ed., *Style in Language* (The Technology Press of M.I.T. and John Wiley & Sons., Inc. New York), pp. 109–131.

Jakobson, Roman 1960. "Linguistics and Poetics," In *Style in Language*, ed. By T.A. Sebeok, 350–377. Cambidge, Mass.:MIT Press; *Selected Writings* 3.18–51.

—— 1962–. *The Selected Writings of Roman Jakobson.* The Hague-Paris-New York: Mouton Publishers/Mouton de Gruyter.

—— 1966. "Retrospect," *Selected Writings* 4. 635–704.

—— 1967. "Une microscopie du dernier 'Spleen' dans les Fleurs du Mal." *Selected Writings* 3. 465–481.

—— 1970 (With Lawrence Jones). *Shakespeare's Verbal Art* in "Th'Expense of Spirit in a waste of shame." *Selected Writings* 3. 284–303.

—— 1971. "La première letter de Saussure à Antoine Meillet sur les anagrammes," *Selected Writings* 7. 227–247.

—— 1972 (with Bayara Aroutounova). "An Unknown Album Page by Nikolaj Gogol", *Selected Writings* 3. 679–695.

—— 1980. *Besedy* (*Dilogues*) . *Selected Writings* 8. 437–582.

—— 1981. "Notes on the Contours of an Ancient Japanese Poem — the Farewell Poem of 732 by Takapasi Musimarö," in *Selected Writings* 3. 157–164.

—— & Linda Waugh 1979. *The Sound Shape of Language.* Bloomington & London: Indiana Univ. Press. Repr. in R. Jakobson 1980, *Selected Writings* 8. xix-315.

Lynch, James 1953. "The Tonality of Lyric Poetry: An Experiment in Method," *Word* 9. 211–224.

Nava, Giuseppe 1968. "Lettres de F. de Saussure à Giovanni Pascoli," *CFS* 24. 73–81.

Puttenham, George 1970 [1589]. *The Arte of English Poesie.* Eds. C.D. Willcock & A.Walker, Cambridge University Reprint.

Ricks, Christopher 2003. "Shakespeare and the Anagrams," *Proceedings of the British Academy* 121: 111–146. The British Academy.

Sanders, Carol 2004. *The Cambridge Companion to Saussure*, Cambridge University Press: Cambridge.

Sasso, Giampaolo 2016. "The Structural Properties of the Anagrams in Poetry," *Semiotica*. De Gruyter Mouton. Doi 10.1515/sem-2016-0158.

Saussure, Ferdinand de 1972 [1916]. *Cours de linguistique générale.* Édition critique préparée par Tullio de Mauro. Payot: Paris.

Starobinski, Jean 1964. "Les Anagrammes de Ferdinand de Saussure." *Mercure de France*, février,

213–262. = Starobinski 1971.

——— 1967. "Les Mots sous les mots." . *To honor Roman Jakobson. Essays on the occasion of his seventieth birthday, 11 October 1966*, 1906-17. The Hague: Mouton. = Starobinski 1971.

——— 1971. *Les Mots sous les mots: Les anagrammes de Ferdinand de Saussure*. Editions Gallimard, Paris. English tr. by Olivia Emmet, *Words upon Words: The Anagrams of Ferinand de Saussure*, Yale University Press: New Haven and London, 1979.（ジャン・スタロバンスキー『ソシュールのアナグラム』、金澤忠信訳、水声社、東京、2006.）

Stults, Lynn D. 1975. "A Study of Tristan Tzara's Theory Concerning the Poetry of Villon," *Romania* 96. 433–458. http://www.persee.fr/doc/roma_0035-8029_1975

Testenoire, Pierre-Yves 2008. "Sur un philologie anagrammatique: rencontre d'un linguiste (Saussure) et d'un poète (Tzara)." http://www.fabula.org/lht/testenoire.html. Accessed on 17 Feb 2019.

Todorov, Tzvetan 1978. *Les Genres du discours*. Éditions du Seuil, Paris.

Werth Paul 1976. "Roman Jakobson's Verbal Analysis of Poetry", *Journal of Linguistics* 12. 21–73.

Wheatley, Henry B. 2017 [1862] . *On Anagrams*. Kessinger Legacy Reprint: USA.

Willcock, C.D. & A.Walker eds. 1970 [1589]. George Puttenham, *The Arte of English Poesie*, Cambridge University Reprint.

Winnick, Roy 2015. "An Onomastic Anagram in Sidney's Astrophel and Stella." *Notes and Querues,* Vol. 62. DO 10.1093/notesj/gjv179.

Wunderli, Peter 2004. "Saussure's Anagrams and the Analysis of Literary Texts." In Carol　Sanders ed., *The Cambridge Companion to Saussure*, 174–185.

Yokoyama, Olga T. 2016. "Encounters with Roman Jakobson", *Slavistika* 32. 3-6. University of Tokyo.

小田島雄志訳 2007.『シェイクスピアのソネット』、文藝春秋、東京.

小林祥次郎 2004.『日本のことば遊び』、勉誠出版、東京.

小町谷照彦 1990.『拾遺和歌集』校注、岩波書店、東京.

佐伯梅友 1981.『古今和歌集』校注、岩波書店、東京.

鈴木信太郎訳 1965.『ヴィヨン全詩集』、岩波書店、東京.

中村健二訳 2016.『キーツ詩集』、岩波書店、東京.

堀口大学訳 1953. ボードレール『悪の華』、新潮社、東京.

松本仁助・岡 道男訳 1997.『アリストテレース 詩学 ホラーティウス　詩論』、岩波書店、東京

丸山圭三郎 1981.『ソシュールの思想』、岩波書店、東京.

——— 1987.『ことばと無意識』、講談社、東京.

山中桂一 1994.「ヤコブソンと万葉歌」、『言語』23#6、特集：短歌の言語学、46–49、大修館書店、東京.

——— 2018. オリガ・ヨコヤマ「ヤコブソンとの出会い」、訳および訳者あとがき。東京大学文学部、現代文芸論研究論集 2018、『れにくさ』pp. 192–204.

索　引

146

【著者紹介】

山中桂一（やまなか けいいち）

［略歴］

1940 年、高知県生まれ。東京大学大学院人文科学研究科
(英語英文学)修了。東海大学教養学部助教授、東京大学総
合文化研究科・教養学部教授、東洋大学文学部教授などを
歴任。東京大学名誉教授。

［著書］

『ヤコブソンの言語科学　Ⅰ詩とことば』、『Ⅱかたちと意
味』(勁草書房、1989、1995)、『日本語のかたち』(東京大
学出版会、1998)、『和歌の詩学』(大修館書店、2003)ほか。

［訳書］

K.ケルナー『ソシュールの言語論』(大修館書店、1982)、
R.ヤコブソン『言語とメタ言語』(共訳、勁草書房、1984)、
ほか。

ソシュールのアナグラム予想—その「正しさ」が立証されるまで
The Anagrams of F. de Saussure: How His Conjectures Have Been Proved Right
YAMANAKA Keiichi

発行	2022 年 4 月 26 日　初版 1 刷
定価	2600 円＋税
著者	©山中桂一
発行者	松本功
装丁者	三好誠（ジャンボスペシャル）
組版者	株式会社 ディ・トランスポート
印刷・製本所	株式会社 シナノ
発行所	株式会社 ひつじ書房

〒112-0011 東京都文京区千石 2-1-2　大和ビル 2 階
Tel.03-5319-4916　Fax.03-5319-4917
郵便振替 00120-8-142852
toiawase@hituzi.co.jp　https://www.hituzi.co.jp/

ISBN978-4-8234-1092-5　☆

［刊行書籍のご案内］

語りと主観性　物語における話法と構造を考える

阿部宏編　　定価 7,800 円＋税

本書は、日本語や英語・フランス語・ドイツ語における語りの問題、特に自由間接話法をはじめとする主観性関連の諸現象への複合的なアプローチの試みである。15 篇の論文それぞれの関心は相互に重なり合うが、第 1章では言語学的問題、第 2 章では文学論・物語論、第 3 章では言語以外の表現形態との接点について主として考察している。
執筆者：赤羽研三、阿部宏、石田雄樹、出原健一、川島浩一郎、小林亜希、嶋﨑啓、鈴木康志、田原いずみ、平塚徹、深井陽介、牧彩花、松澤和宏、三瓶裕文、吉川一義